Monika Lindinger

Naturlyrik

Lehrermaterialien **PLUS**

Active**Book**

Onlinecode

STARK

Bildnachweis
Umschlag: Maria Sibylla Merian: Drei Tulpen (links); Caspar David Friedrich: Der Wanderer über dem Nebelmeer (rechts); visipix.com
S. 1: Henri Rousseau: Neger, von einem Jaguar angefallen (Ausschnitt; wikimedia.org)
S. 3: Maria Sibylla Merian: Boccaves-Frucht mit Eidechse (wikimedia.org)
S. 5: © sxc.hu: barunpatro
S. 7: bpk
S. 8: akg-images
S. 10: Justus Juncker: Stillleben mit Apfel und Insekten
S. 12: Illustration von Michael Mathias Prechtl: Der Naturforscher J.W. Goethe. ©Stadtmuseum Amberg
S. 14: Lucas Cranach dem Älteren: Das Goldene Zeitalter (wikimedia.org)
S. 15: Carl Rottmann: Die Insel Delos (wikimedia.org)
S. 16: Caspar David Friedrich: Zwei Männer in Betrachtung des Mondes (wikimedia.org)
S. 18: Philipp Otto Runge: Nacht (wikimedia.org)
S. 19: Giuseppe Arcimboldo: Der Herbst (wikimedia.org)
S. 21: Caspar David Friedrich: Der Chasseur im Walde (wikimedia.org)
S. 22: picture alliance/ZB/euroluftbild.de
S. 23: © Pellinni - Fotolia.com
S. 24: Franz von Lenbach: Hirtenknabe (wikimedia.org)
S. 26: Carl Spitzweg: Der Geologe (wikimedia.org)
S. 27, links: Julius Hübner, Der Fischerknabe und die Nixe (bpk/Nationalgalerie, SMB/Andres Kilger)
S. 27, rechts: Reinhold Max Eichler: Nixe im Eis gefangen
S. 29: Jean-François Millet: Die Ährenleserinnen (wikimedia.org)
S. 32: Jens Rusch, Der Schimmelreiter © VG Bild-Kunst, Bonn 2016
S. 34, oben: Pieter Brueghel d. J. (nach d. Ä.): Winterlandschaft mit Vogelfalle (wikimedia.org)
A. 34, unten: Vincent van Gogh: Winter: Die Ebene von Chailly (wikimedia.org)
S. 38: John William Waterhouse: Gather Ye Rosebuds While Ye May (wikimedia.org)
S. 39: Paul Cézanne: Die blaue Vase (wikimedia.org)
S. 40: Jacob Marrell: Vanitas (wikimedia.org)
S. 41: Ernst Ludwig Kirchner: Waldschlucht Staffel (wikimedia.org)
S. 42, links: Ernst Ludwig Kirchner: Berge im Winter (wikimedia.org)
S. 42, rechts: Ernst Ludwig Kirchner: Mondaufgang auf der Staffelalp (wikimedia.org)
S. 43: © Henning Bultmann - Fotolia.com
S. 44: François Barraud: Nature morte de fleurs aux lys
S. 46: Bundesarchiv, Bild 183-W0409-300 / Foto: Kolbe, Jörg/1954/CC-BY-SA 3.0
S. 47: ullstein bild - Prisma/Gerth Roland
S. 49: © ginton - Fotolia.com
S. 50: Porträt Joseph von Eichendorff (Wikimedia.org); Porträt Günter Eich (akg-images);
Feder (© kolorowekadry - Fotolia.com)
S. 51: ullstein bild - Imagno/Votava
S. 52, von oben nach unten: Giotto: Legende des Hl. Franziskus ; Konrads von Altstetten (Codex Manesse);
Ephraim Moses Lilien: The Silent Song (wikimedia.org)
S. 53: Imago/United Archives
S. 54: © destina - Fotolia.com
S. 55: © Eric Isselée - Fotolia.com
S. 56: © avkost - Fotolia.com
S. 58: ullstein bild - Reinhard Dirscherl

www.stark-verlag.de
1. Auflage 2017

INHALTSVERZEICHNIS

Naturlyrik

Klausuren 59

Lösungsvorschläge 63

Autorin: Dr. Monika Lindinger

Einführung

„Wie herrlich leuchtet / Mir die Natur!" (Goethe: *Maifest* 1771)
„Jeder spricht sich nur selbst aus, indem er von der Natur spricht." (Goethe: Brief von 1819)

Die Zitate zeigen die beiden Positionen, zwischen denen alle Naturlyrik sich bewegt. Erstens: Es geht um die **Beziehung zwischen Mensch und Natur**. Dies macht das im Eingangsvers von Goethes Frühlingsgedicht so selbstbewusst herausgerufene „Mir" deutlich. Welche Funktion also hat die Natur für den Menschen? Welche Bedeutung weist er ihr, genauer: dem poetischen Konstrukt „Natur" zu? Ist sie ihm schützende, nährende Mutter? Rückzugsort, um den Geschäften des Alltags, der Politik oder der städtischen Steinwüste zu entfliehen? Weckt sie seinen Forschergeist, inspiriert ihn zu künstlerischer Kreativität? Oder ist sie winterlich kalt und abweisend, ja bedrohlich und zerstörerisch, etwa wenn die Erde bebt? Ist die Natur schließlich selbst schutzbedürftig, bedroht von Atommüll, Umweltgiften und all dem, was der Mensch ihr um seines Vorteils willen zumutet?
Zweitens: Wie der Satz aus Goethes Brief nahelegt, sind Natur und Landschaft in der Lyrik gleichsam nach außen verlagerte, **bildliche Figurationen für die Befindlichkeit des Sprechers**, der „sich" damit „selbst ausspricht". Im poetisch heraufbeschworenen Frühling zeigen sich seine Verliebtheit, seine Aufbruchsstimmung. Einsamkeit und Verzweiflung erstrecken sich wie öde Winterlandschaften in seiner Seele; die dunklen Abgründe seines Unterbewusstseins projiziert der Sprecher in eine dämonische Natur.
Dabei ist das poetische Sprechen über die Natur so alt wie die Dichtung selbst. Schon in antiker bzw. biblischer Zeit bilden sich Muster heraus, Stränge literarischer Tradition werden bis in die Gegenwart fortgesponnen.

Methodische Hinweise

Das Material im vorliegenden Band ist **chronologisch angeordnet**. Zu Beginn werden einige Texte vorgestellt, die grundlegende Topoi der Naturlyrik generieren, wie etwa den *locus amoenus* (Homer) oder den biblischen Paradiesgarten.
Entsprechend den Bedürfnissen des Unterrichts setzt die Textauswahl literaturgeschichtlich mit der detailfreudigen Naturdichtung der **Aufklärung** ein. Neben Klopstock kommt dann **Goethe** zu Wort, dessen Tun und Dichtung vielfältig von Natur bestimmt war. Ein nächstes Kapitel beleuchtet die Facetten **romantischer Lyrik:** Hier hat der Dichter die Sprache der Natur wie ein verschlüsseltes Buch zu entziffern, die Nacht ist ihm Hallraum der Seele. Neben Texten des **Biedermeier** und des **Realismus** liegt ein weiterer Schwerpunkt der Auswahl auf den artifiziellen Paradiesen der **Literatur um 1900**, die Natur und Kunst verschmelzen. Des Weiteren finden sich Texte der **naturmagischen Schule** sowie **Bert Brechts**, der Naturlyrik nur gelten lässt, wenn darin die politische Realität in den Vordergrund rückt. Der letzte Komplex **(Lyrik von den 1950ern bis heute)** thematisiert die zunehmende Entfremdung des die Technisierung immer weiter treibenden Menschen von der Natur und die Gefährdung des Erdballs durch Krieg und Zerstörung der Umwelt.

Die Materialien sind prinzipiell einzeln verwendbar, jedoch in sich aufeinander bezogen und machen sukzessive das **Ineinandergreifen einzelner Motivstränge und Topoi** (z.B. Frühling) deutlich. Die Arbeitsaufträge sollen die Schülerinnen und Schüler dazu anleiten, sich die Techniken der Gedichterschließung selbstständig anzueignen und einzuüben.
Die Sequenz schließt mit zwei **Klausurvorschlägen**, die sich an den in diesem Unterrichtsvorhaben erworbenen Kompetenzen orientieren.
Das **ActiveBook** bietet Ihnen zahlreiche Möglichkeiten, über den Einsatz der Kopiervorlagen hinaus Ihren Unterricht attraktiv zu gestalten: Sie finden hier nicht nur **alle Arbeitsblätter als PDF- und Word-Datei** sowie zusätzliche Materialien zur Vertiefung, sondern auch interaktive und multimediale Angebote: Die Schülerinnen und Schüler vergleichen beispielsweise verschiedene **Audio-Inszenierungen** hinsichtlich ihrer Wirkung und vertiefen mithilfe von **Zeitleisten** ihr literaturgeschichtliches Hintergrundwissen. Ein **Gruppenquiz** zu typischen Stilmitteln und **Lernvideos** zu Grundwissen der Lyrikanalyse ermöglichen einen motivierenden und lebendigen Unterricht. Das **Glossar** erlaubt mit einem Klick die Anzeige von Erläuterungen zentraler Fachbegriffe.

Wie im Paradies – Natur als Topos

M1

Die Dichtung greift bis heute immer wieder auf denselben, aus der Antike stammenden Grundbestand an sogenannten Topoi, d. h. vorgeprägten Bildern und Motiven, zurück. Dies gilt insbesondere auch für die Darstellung der Natur und ihrer Bedeutung für den Menschen. Auf diese Weise entsteht ein gesamteuropäischer Traditionszusammenhang, in dem die Modelle des Verhältnisses von Mensch und Natur bewahrt, poetisch kommentiert, variiert und fortgeschrieben werden.

	Textbeispiel	**Topos**
A	**Homer: *Odyssee*, 2. Hälfte des 8. Jh. v. Chr.** *Auf seiner Reise kommt Odysseus zu der Höhle der Nymphe Kalypso:* Die Grotte, in der ihre Gemächer waren, beschattete ein grünender Hain mit Erlen, Pappeln und Zypressen, in denen bunte Vögel nisteten, Habichte, Eulen und Krähen. Auch ein Weinstock breitete sich über das Felsengewölbe aus, voll reifender Trauben, die aus dichtem Laube hervorblickten. Vier Quellen entsprangen in der Nähe und schlängelten sich nachbarlich dahin und dorthin; von ihnen bewässert, grünten schwellende Wiesen, mit Veilchen, Efeu und noch vielen andern Kräutern und Blumen übersät. *Aus: Gustav Schwab: Die schönsten Sagen des klassischen Altertums. 6. Aufl. Wien 1953, S. 518.*	Natur als *locus amoenus* (lat. = lieblicher Ort): „Schilderung einer fiktiven Ideallandschaft mit stereotypen Elementen (Blumen, Bach oder Quelle, schattige Bäume, Vogelsang, Windhauch, Frühling)." *Aus: Dieter Burdorf et al. (Hrsg.): Metzler Lexikon Literatur. 3. Aufl. Stuttgart: J. B. Metzler 2007, S. 459.*
B	**Bibel: Erstes Buch Mose, Gen 2,8-10 (ca. 1 000–400 v. Chr.)** Dann legte Gott, der Herr, in Eden, im Osten, einen Garten an und setzte dorthin den Menschen, den er geformt hatte. Gott, der Herr, ließ aus dem Ackerboden allerlei Bäume wachsen, verlockend anzusehen und mit köstlichen Früchten [...]. Ein Strom entspringt in Eden, der den Garten bewässert. *Aus: Die Bibel. Einheitsübersetzung der Heiligen Schrift © Katholische Bibelanstalt, Stuttgart.*	Natur als Garten
C	**Bibel: Psalm 148,3-10 (ca. 500–200 v. Chr.)** Lobt [den Herrn], Sonne und Mond, lobt ihn, all ihr leuchtenden Sterne; [...] lobt den Herrn, ihr auf der Erde, ihr Seeungeheuer und all ihr Tiefen, Feuer und Hagel, Schnee und Nebel, du Sturmwind, der sein Wort vollzieht; ihr Berge und all ihr Hügel, ihr Fruchtbäume und alle Zedern, ihr wilden Tiere und alles Vieh, Kriechtiere und gefiederte Vögel. *Aus: Die Bibel. Einheitsübersetzung der Heiligen Schrift © Katholische Bibelanstalt, Stuttgart.*	Lobpreis der Herrlichkeit Gottes
D	**Zweite Epode des Horaz (30 v. Chr.)** Glückselig jener, der da ferne von Geschäften / So wie das Urgeschlecht der Sterblichen / Die väterliche Flur mit eignen Stieren pflügt. *Aus: Bernhard Kytzler (Hrsg.): Quintus Horatius Flaccus: Sämtliche Gedichte. Lateinisch – deutsch. Reclam: Stuttgart 1992, S. 260 f. (V. 1–3).*	Glück des Landlebens/ Natur als Rückzugsort von gesellschaftlichem und politischem Leben

L → 63

Im 17. Jahrhundert, zu einer Zeit, als man sich intensiv um die Herausbildung einer deutschsprachigen Dichtkunst bemühte, wurden die Natur-Topoi in besonderem Maße in den Gedichten verarbeitet. Die folgenden kurzen Textauszüge entstammen allesamt Gedichten aus diesem Zeitraum. Prüfen Sie, um welchen der oben vorgestellten Topoi es sich jeweils handelt.

1

Hans Jacob Christoffel von Grimmelshausen (1622 –1676):

Komm Trost der Nacht / O Nachtigall /
Laß deine Stimm mit Freudenschall /
Auffs lieblichste erklingen :/:
Komm / komm / und lob den Schöpffer dein /
Weil andre Vöglein schlaffen seyn /
Und nicht mehr mögen singen:
  Laß dein / Stimmlein /
    Laut erschallen / dann vor allen
      Kannst du loben
Gott im Himmel hoch dort oben.
[…]
Die Sterne / so am Himmel stehn /
Lassen sich zum Lob Gottes sehn /
Und thun ihm Ehr beweisen :/:
Auch die Eul die nicht singen kan /
Zeigt doch mit ihrem heulen an /
Daß sie Gott auch thu preisen.
  Drum dein / Stimmlein / etc.
[…]

2

Martin Opitz (1597–1639):

Ein garten ist die welt: die blume jhre lust:
Hier schön undt schöne hier / wohin du gehen mußt.
[…]

3

Georg Philipp Harsdörffer (1607–1658):

Der Wald

Wol dem der weit von grossen Stätten
  ein dienstbefreytes Leben führt;
Er wird sich von viel Sünden retten /
  und geben Gott was Gott gebührt:
Er wird sein Leben bringen zu /
in Fried und überwehrter Ruh'.
[…]

4

Georg Philipp Harsdörffer (1607–1658):

Das Wasserrad

Da die schlanke Pegnitz fließet in dem schönen Wienetal,
Da sie dieses Land durchgießet und die Blumen ohne Zahl
  In den grünen Auen frischt, da der Vogel lieblich singet,
  Da die Wollenherde tischt und mein Schäferspiel erklinget,
Da die hohen Bäume schatten, da das Bienlein Blumen bricht
[…]

Alle Auszüge aus: Gunter E. Grimm (Hrsg.): Deutsche Naturlyrik. Vom Barock bis zur Gegenwart. Stuttgart: Reclam 1995.

L → 63

Fliegenlyrik – Durch die Natur zu Gott **M 2**

Der aus einer wohlhabenden Hamburger Kaufmannsfamilie stammende Barthold Hinrich Brockes (1680–1747) gilt als der erste Naturlyriker in der deutschen Literatur. Angeregt durch die rasante Entwicklung der Naturwissenschaft im Zeitalter der Aufklärung nähert er sich dem Gegenstand seiner poetischen Beschreibung mit dem Blick durch Mikroskop und Teleskop. Dabei sollen Schönheit, Organisation und Ordnung der empirisch wahrgenommenen Natur in aufklärerisch-lehrhafter Absicht die Gültigkeit des traditionellen christlichen Welt- und Gottesbildes beweisen.

Barthold Hinrich Brockes: Die kleine Fliege (1736)

Neulich sah ich, mit Ergetzen,
Eine kleine Fliege sich,
Auf ein Erlen-Blättchen setzen,
Deren Form verwunderlich
Von den Fingern der Natur,
So an Farb', als an Figur,
Und an bunten Glantz gebildet.
Es war ihr klein Köpfgen grün,
Und ihr Cörperchen vergüldet,
Ihrer klaren Flügel Par,
Wenn die Sonne sie beschien,
Färbt' ein Roth fast wie Rubin,
Das, indem es wandelbar,
Auch zuweilen bläulich war.
Liebster GOtt! wie kann doch hier
Sich so mancher Farben Zier
Auf so kleinem Platz vereinen,
Und mit solchem Glantz vermählen,
Daß sie wie Metallen scheinen!
Rief ich, mit vergnügter Seelen.
Wie so künstlich! fiel mir ein,
Müssen hier die kleinen Theile
In einander eingeschrenckt,
durch einander hergelenckt
Wunderbar verbunden seyn!
Zu dem Endzweck, daß der Schein
Unsrer Sonnen und ihr Licht,
Das so wunderbarlich-schön,
Und von uns sonst nicht zu sehn,
Unserm forschenden Gesicht
Sichtbar werd', und unser Sinn,
Von derselben Pracht gerühret,
Durch den Glantz zuletzt dahin
Aufgezogen und geführet,
Woraus selbst der Sonnen Pracht
Erst entsprungen, der die Welt,
Wie erschaffen, so erhält,
Und so herrlich zubereitet,
Hast du also, kleine Fliege,
Da ich mich an dir vergnüge,
selbst zur GOttheit mich geleitet.

Aus: Aus der Sammlung „Irdisches Vergnügen in Gott" (1721–1748). In: Deutsche Naturlyrik. Stuttgart: Reclam 2012, S. 28 f.

Das Erwachen des naturwissenschaftlichen Interesses spiegelt sich auch in den Abbildungen wider, wie hier in der Zeichnung *Boccaves-Frucht mit Eidechse* der Naturforscherin und Künstlerin Maria Sibylla Merian (1647–1717).

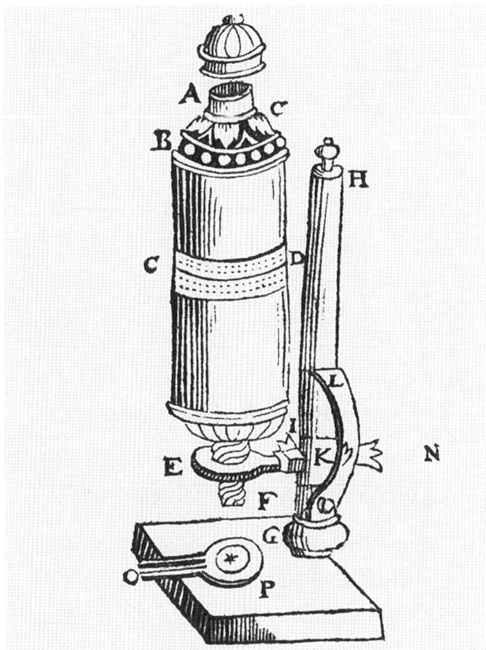

Johannes Zahn: Oculus artificialis teledioptricus sive telescopium (Nürnberg 1702).

1 **a** Gliedern Sie das Gedicht in sechs Sinnabschnitte. Achten Sie dabei besonders auf die Haltung des Sprecher-Ichs.

b Ordnen Sie jedem Sinnabschnitt eine der (hier in willkürlicher Reihenfolge angeführten!) Überschriften zu:

A bewundernde Ausrufe über Glanz der Farben und Feinheit der „Mechanik"
B bestätigende Schlusswendung zur Leistung der kleinen Fliege
C Aufzeigen des Weges der Beweisführung: vom forschenden Ansehen der sichtbaren Materie zur Erkenntnis der göttlichen Schöpferkraft und Ordnung
D Bewunderung der Kunstfertigkeit der Natur
E vergnügtes Beobachten
F mikroskopisch detaillierte Beschreibung der Färbung der Fliege

2 Erarbeiten Sie aus dem Text die jeweilige Funktion und Rolle, die der Natur, der Fliege und Gott zugeschrieben werden. Achten Sie auch auf sprachliche Besonderheiten. Halten Sie Ihre Ergebnisse in der Tabelle fest.

NATUR	FLIEGE	GOTT

info

Gottesbilder der Aufklärung

Theismus bezeichnet den Glauben an einen personalen, überweltlichen Gott, der die Welt erschaffen hat und sie bzw. seine Geschöpfe in seiner Weisheit und Macht lenkt.

Die **Physikotheologie**, eine theologisch-philosophische Strömung des 18. Jahrhunderts, basiert auf wissenschaftlichen Beobachtungen. Aus dem vollkommenen und sinnvollen Aufbau und der Ordnung der Natur zieht sie Rückschlüsse auf die Existenz und Allmacht Gottes. Naturwissenschaftliche Forschung wird so zu einer vernunftgestützten Form des Gottesdienstes.

L → 63

Nachtgedanken – Klopstock

M 3

Friedrich Gottlieb Klopstock (1724–1803) weckte mit seinen Gedichten gerade bei jungen Leuten (vor allem bei den Dichtern des „Sturm und Drang“) große Begeisterung. Sein Kultstatus zeigte sich auch, als er 1803 in Hamburg verstarb: Der Leichenzug ihm zu Ehren wurde auf 50 000 Teilnehmer geschätzt.
Das Besondere an Klopstocks Gedichten ist die neue Rolle des Subjekts, dessen Empfindungen und Stimmungen in einem neuen lyrischen Sprechen ihren Ausdruck finden. Ein Beispiel für diese neue Subjektivität ist das 1764 entstandene Gedicht *Die frühen Gräber*, in dem er die Naturbetrachtung mit der Erinnerung an Freundschaft verbindet.

Friedrich Gottlieb Klopstock:
Die frühen Gräber (1764)

Willkommen, o silberner Mond,
Schöner, stiller Gefährt der Nacht!
Du entfliehst? Eile nicht, bleib, Gedankenfreund!
Sehet, er bleibt, das Gewölk wallte nur hin.

Des Maies Erwachen ist nur
Schöner noch, wie die Sommernacht,
Wenn ihm[1] Tau, hell wie Licht, aus der Locke träuft,
Und zu dem Hügel herauf rötlich er kömmt.

Ihr Edleren, ach es bewächst
Eure Male[2] schon ernstes Moos!
O wie war glücklich ich, als ich noch mit euch
Sahe sich röten den Tag, schimmern die Nacht.

Aus: Friedrich Gottlieb Klopstock: Ausgewählte Werke. München: Hanser 1962, S. 108.

Anmerkungen

1 ihm: Gemeint ist der personifizierte Mai.

2 Male: Grabmale

1 In dem Gedicht gibt es zwei Zeitschichten, nämlich das Hier und Jetzt des Sprechers und eine in der Vergangenheit liegende Zeit. Übertragen Sie, ausgehend von dieser zeitlichen Anordnung, die wesentlichen Inhalte des Gedichts möglichst knapp in das Strukturschema. Lassen Sie sich dabei von den W-Fragen leiten.

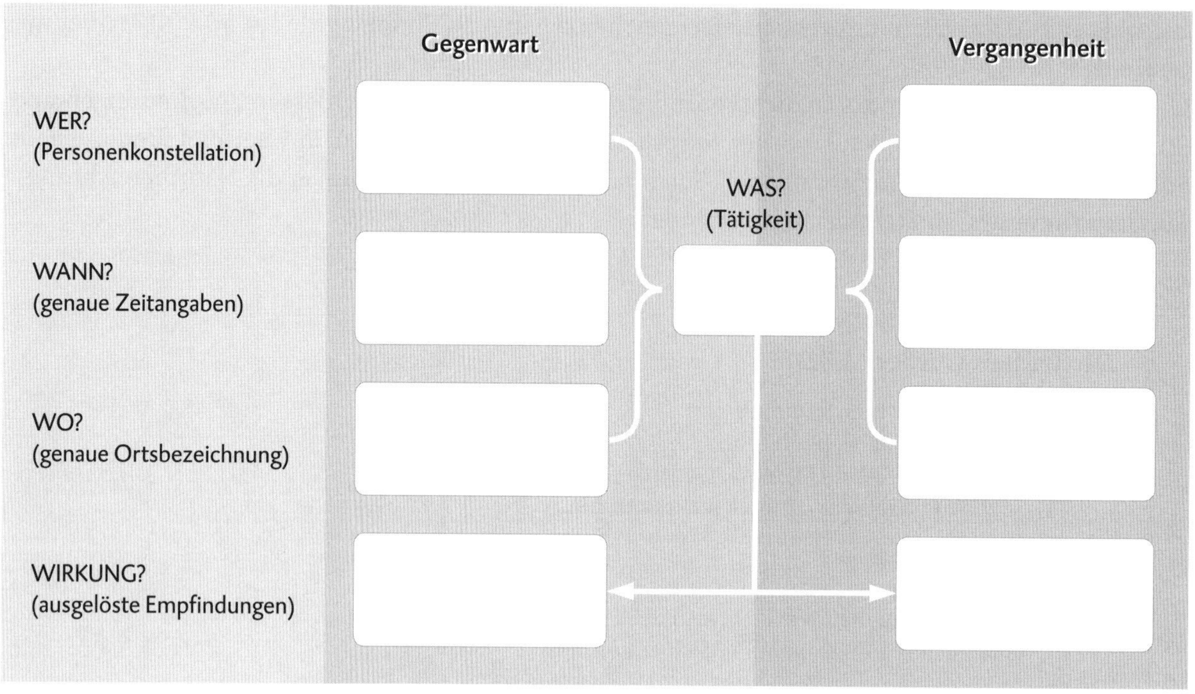

2 Der Literaturwissenschaftler Walther Killy schreibt zu dem Gedicht: „Eine Analyse der unterschwelligen Beziehungen, an denen das Gedicht sehr reich ist, würde unter den Variationen und [Wiederholungen] bald die durch die Worte *Willkommen* und *kömmt* hergestellte Verbindung entdecken. [...] Es gäbe noch andere Linien, die man durch das Ganze verfolgen kann."

Aus: Walther Killy: Elemente der Lyrik. 2. Aufl. München: C. H. Beck 1972, S. 156, 160.

Finden Sie diese Wortwiederholungen, Linien und unterschwelligen Beziehungen und markieren Sie sie im Text (mögliche Ansätze hierfür: Wortfeld „Kommen/Bleiben/Vergehen", Wortfeld „Freundschaft", Wortfeld „Farben" etc.).

3 In jeder Gedichtstrophe steht ein Naturphänomen im Mittelpunkt: in der ersten Strophe der Mond, in der zweiten der beginnende Mai bzw. Frühling und in der dritten das Moos. Untersuchen Sie die jeweilige sprachliche Gestaltung der Naturdarstellung und deren Bedeutung. Gehen Sie dabei auch auf die Beziehung des lyrischen Ich zur Natur ein.

L → 63

„Jeder spricht sich nur selbst aus, indem er von der Natur spricht“ (Goethe) M 4

Goethe ist zugleich Dichter und Naturforscher. Die Natur begreift er als alles durchwaltendes Schaffensprinzip, das die Welt als lebendiges organisches Ganzes zusammenhält. Natur ist in seinem gesamten dichterischen Werk als Thema, Motiv und Metapher allgegenwärtig. Vor allem die Gedichte sprechen von der Begegnung mit der Natur, in der sich die Fülle des Daseins – im Einzelnen wie im Ganzen – offenbart. Ebenso hat Goethe sich zeitlebens naturwissenschaftlichen und naturphilosophischen Fragen gewidmet.

Goethe (1749–1832) studierte 1770/71 in Straßburg und liebte zu dieser Zeit die Pfarrerstochter Friederike Brion aus Sesenheim. Für sie schrieb er die sogenannten *Sesenheimer Lieder,* darunter das 1771 entstandene Gedicht *Maifest.* Die Besonderheit des Gedichtes liegt vor allem in der poetisch inszenierten Unmittelbarkeit des Naturerlebens.

Johann Wolfgang von Goethe: Maifest

Wie herrlich leuchtet
Mir die Natur!
Wie glänzt die Sonne!
Wie lacht die Flur!

Es dringen Blüten
Aus jedem Zweig
Und tausend Stimmen
Aus dem Gesträuch

Und Freud und Wonne
Aus jeder Brust.
O Erd', o Sonne!
O Glück, o Lust!

O Lieb', o Liebe!
So golden schön,
Wie Morgenwolken
Auf jenen Höhn!

Du segnest herrlich
Das frische Feld,
Im Blütendampfe
Die volle Welt.

O Mädchen, Mädchen,
Wie lieb' ich dich!
Wie blinkt dein Auge!
Wie liebst du mich!

So liebt die Lerche
Gesang und Luft,
Und Morgenblumen
Den Himmelsduft,

Wie ich dich liebe
Mit warmem Blut,
Die du mir Jugend
Und Freud' und Mut

Zu neuen Liedern
Und Tänzen gibst.
Sei ewig glücklich,
Wie du mich liebst.

Aus: Johann Wolfgang von Goethe: Werke. Hamburger Ausgabe. München: C. H. Beck 1981.

1 Notieren Sie schlagwortartig das Thema des jeweiligen Sinnabschnittes von Goethes Gedicht in dem dafür vorgesehenen Feld.

L → 64

2 Untersuchen Sie die Sprache des Gedichts. Konzentrieren Sie sich dabei auf die sprachlichen Gestaltungsmittel, die …

a … die Begeisterung des Sprechers und die Unmittelbarkeit von Naturerleben und lyrischem Sprechen zum Ausdruck bringen.

b … die Natur erfassen.

c … die Verschmelzung von Natur und Liebe bewirken.

3 Der Literaturwissenschaftler Helmut Koopmann nennt Goethes Gedicht *Maifest* „das Liebeslied eines Egoisten“. Diskutieren Sie diese Behauptung und belegen Sie Ihre Aussagen am Text.

info

Pantheismus

Religiös-philosophische Auffassung, nach der Gott und die Welt identisch sind. Das Göttliche ist demnach in der Natur erfahrbar, und auch der Mensch ist im Kern göttlich, da er Teil der Natur ist. Einen personifizierten, transzendenten Gott gibt es nach pantheistischer Auffassung (anders als beim Theismus) logischerweise nicht.

info

Sturm und Drang

Sturm und Drang, auch: Geniezeit; kulturelle Bewegung in Deutschland von den späten 1760er-Jahren bis Ende der 1780er-Jahre. […] Ihr Ausgangspunkt ist eine jugendliche Revolte gegen Einseitigkeiten der Aufklärung (z. B. Rationalismus, Fortschrittsoptimismus, Regelgläubigkeit, verflachtes Menschenbild), aber auch gegen die als unnatürlich empfundene Gesellschaftsordnung der Zeit mit ihren Ständeschranken, erstarrten Konventionen und ihrer lebens- und sinnenfeindlichen Moral. […] Als Leitideen stehen im Zentrum die Selbsterfahrung und Befreiung des Individuums als leib-seelischer Ganzheit; gegenüber dem Verstand werden nun bes. die Werte des Gefühls, der Sinnlichkeit und der Spontaneität betont. Damit verbindet sich auch eine neue Erfahrung und Wertung der Natur: Sie ist für den St. u. D. der Urquell alles Lebendigen und Schöpferischen, auch im Menschen selbst. Als höchste Steigerung des Individuellen wie des Naturhaften erscheint das Genie, in dem sich die schöpferische Kraft einmalig und unmittelbar offenbart.

Aus: Dieter Burdorf et al. (Hrsg.): Metzler Lexikon Literatur. 3. Aufl. Stuttgart: J. B. Metzler 2007, S. 740 f.

L → 64

Mutter Natur und die Reife des Subjekts

M5

Während einer Reise in die Schweiz unternahm Goethe am 15. Juni 1775 zusammen mit Freunden eine Bootsfahrt auf dem Zürichsee. Unter dem unmittelbaren Eindruck dieses Erlebnisses notierte er in sein Reisetagebuch ein Gedicht, das er rund zehn Jahre später, bereits in Weimar, noch einmal überarbeitete. Schon diese Umstände seiner Entstehung verweisen auf die Bedeutung des Gedichtes: Es verdeutlicht den Weg vom unmittelbaren, unreflektierten, enthusiastischen Naturerleben (vgl. *Maifest*) hin zur distanzierten Betrachtungsweise dichterischer Reife. Es markiert also den Übergang vom Sturm und Drang zur Weimarer Klassik.

Hier die zweite, überarbeitete Fassung, die 1789 erschien:

Johann Wolfgang von Goethe: Auf dem See

Und frische Nahrung, neues Blut
Saug ich aus freier Welt;
Wie ist Natur so hold und gut,
Die mich am Busen hält!
Die Welle wieget unsern Kahn
Im Rudertakt hinauf,
Und Berge, wolkig himmelan,
Begegnen unserm Lauf.

Aug, mein Aug, was sinkst du nieder?
Goldne Träume kommt ihr wieder?
Weg du Traum, so gold du bist;
Hier auch Lieb und Leben ist.

Auf der Welle blinken
Tausend schwebende Sterne,
Weiche Nebel trinken
Rings die türmende Ferne;
Morgenwind umflügelt
Die beschattete Bucht
Und im See bespiegelt
Sich die reifende Frucht.

Aus: Johann Wolfgang von Goethe: Goethes Schriften, Bd. 8. Leipzig 1789, S. 144 f.

1 Das unvermittelte Einsetzen des Gedichtes mit der Konjunktion „[u]nd“ (V. 1), die Adjektive „frisch“ und „neu“ (vgl. V. 1), der Umstand, dass die Träume „wieder“ kommen (V. 10), schließlich die Wendung „Hier auch“ (V. 12) legen nahe, dass der Bootsfahrt gewisse Erlebnisse an einem anderen Ort vorausgegangen sind.
Schreiben Sie eine Vorgeschichte zu den Gedanken des lyrischen Ich auf dem See.

2 **a** Bestimmen Sie für jede Gedichtstrophe das Metrum mit Anzahl der Hebungen und Kadenzen.

b Finden Sie Adjektive, die den Rhythmus der jeweiligen Strophe beschreiben. Bereiten Sie eine Lesung vor, bei der Sie das Gedicht mit entsprechender Betonung vortragen.

c Setzen Sie das Metrum in Bezug zum Inhalt der einzelnen Strophe.

L → 66

info

Metrum

Regelmäßige Abfolge von betonten Silben (Hebungen) und unbetonten Silben (Senkungen)

Die wichtigsten Metren (Taktarten):
- Jambus (steigend): xx́
- Trochäus (fallend): x́x
- Anapäst (steigend): xxx́
- Daktylus (fallend): x́xx

Kadenzen: Versende mit einer Senkung: „weibliche“ oder „klingende“ Kadenz
Versende mit einer Hebung: „männliche“ oder „stumpfe“ Kadenz

Alternierend: regelmäßiger Wechsel von betonten und unbetonten Silben

3 a Untersuchen Sie strophenweise die sprachlich-stilistische Gestaltung des Gedichts und arbeiten Sie das jeweilige Verhältnis des Sprechers zur Natur heraus. Nutzen Sie dazu die Tabelle mit den in Klammern genannten Kriterien. Legen Sie selbst eine Übersicht nach dem folgenden Vorbild an.

b Formulieren Sie, ausgehend von dem Symbol der „reifende[n] Frucht“ (V. 20), eine Deutung des Gedichts.

Sprachliche-stilistische Gestaltung →	Verhältnis Sprecher – Natur
1. Strophe (Adjektive – Bildlichkeit – Blickrichtung des Sprechers – Bewegung im Raum/Adverbien)	Deutung
2. Strophe (angesprochenes Du – Blickrichtung des Sprechers/Adverbien der Richtung und des Ortes – Satzarten – Sprechhaltung)	Deutung
3. Strophe (Blickrichtung des Sprechers – Erscheinen des lyrischen Ich in der Sprache – Verben/Verbformen – Anordnung des Raumes/Adverbien – Art der Naturelemente und jeweilige Zuordnung – Wiederaufnahme von Motiven – Symbolik)	Deutung

info

Symbol

(von griech.: etwas Zusammengefügtes, Zusammengeworfenes) Sinnbild; Sinnlich Wahrnehmbares (z. B. Farben, Gegenstände, Personen, Zahlen, Naturerscheinungen), das über sich hinaus auf eine Idee oder einen abstrakten Begriff verweist; festgelegt durch Kultur oder Tradition (z. B. Taube → Frieden). Vor allem die Strömung der *Klassik* sucht hinter der einzelnen Erscheinung die Ganzheit und das Gesetzmäßige; Goethe prägt in der Weimarer Zeit das Verständnis des Symbolbegriffs als „Schau des Allgemeinen im Besonderen“. (Vgl. beispielsweise *Faust I:* „Weiß doch der Gärtner, wenn das Bäumchen grünt, / Daß Blüt und Frucht die künft'gen Jahre zieren.“, V. 310 f.)

L → 66

Meteorologische Studie und Dankgedicht an das Leben M 6

Am 7. Juli 1828 hatte sich der bald achtzigjährige Goethe nach dem Tod des Großherzogs Karl August tief erschüttert aus Weimar nach Dornburg zurückgezogen, um den Trauerfeierlichkeiten zu entgehen.

In einem der drei hoch über dem Saaletal gelegenen Schlösser entstand das folgende Gedicht. Goethe, der sich zeitlebens mit Naturwissenschaften beschäftigte, widmete sich während der neun Wochen seines Aufenthaltes auf dem Schloss eingehend meteorologischen Studien: Er las das Barometer ab, beobachtete Himmel, Nebel- und Wolkenbilder, versuchte Wetterprognosen und hielt alles ausführlich in seinen Tagebüchern fest.

Johann Wolfgang von Goethe: Früh, wenn Thal, Gebirg und Garten

Dornburg, im Sept. 1828.

Früh, wenn Thal, Gebirg und Garten
Nebelschleiern sich enthüllen,
Und dem sehnlichsten Erwarten
Blumenkelche bunt sich füllen;

Wenn der Aether, Wolken tragend,
Mit dem klaren Tage streitet,
Und ein Ostwind, sie verjagend,
Blaue Sonnenbahn bereitet:

Dankst du dann, am Blick dich weidend,
Reiner Brust der Großen, Holden,
Wird die Sonne, röthlich scheidend,
Rings den Horizont vergolden.

Aus: Johann Wolfgang von Goethe: Werke. Hamburger Ausgabe in 14 Bänden. Hrsg. von Erich Trunz, Bd. 1: Gedichte und Epen 1. München 1981, S. 391.

1 Goethes Gedicht kann größtenteils als Wetterbericht gelesen werden. Formulieren Sie den Text zur Wetterprognose um und ergänzen Sie die Wettersymbole. Welche Verse passen nicht ins Schema?

Wetter für den 8. September 1828

____

____

____

morgens	mittags	abends

L → 68

info

Goethe und die Naturwissenschaft

Für Goethe war das Weltganze eine lebendige Ordnung aller Dinge: Sterne, Planeten sowie die Erde mit Menschen, Tieren und Pflanzen bildeten für ihn einen einzigen großen Organismus. Auch hingen für Goethe Dichtung und Naturwissenschaft untrennbar zusammen. Von hier aus sind Goethes naturwissenschaftliche Forschungen zu verstehen. Schon während seiner Studienjahre beschränkte er sich nicht auf juristische Vorlesungen, sondern besuchte medizinische Seminare und sogar einen Sezierkurs. Bei seinen anatomischen Studien entdeckte er 1784 den Zwischenkieferknochen beim Menschen, der bei anderen Säugetierarten schon nachgewiesen worden war. Damit leistete Goethe Vorarbeit für Darwins Evolutionstheorie, indem er die Lehre vertrat, dass durch die Entwicklung der Arten alle Lebewesen miteinander verwandt seien. Bei seinen Untersuchungen und Experimenten zu verschiedenen Farb- und Lichtphänomenen konzentrierte sich Goethe vor allem auf das Auge des Betrachters und dessen Fähigkeit zur Sinneswahrnehmung. Im Bereich der Botanik ist die *Metamorphose der Pflanzen* sein wichtigstes Werk. Goethe geht dabei von der Existenz einer „Urpflanze" aus, die idealtypisch die wesentlichen Merkmale einer Pflanze in sich vereinigt. In praktischer Umsetzung seiner botanischen Interessen gestaltete er Teile des herzoglichen Parks in Weimar. Von seiner Leidenschaft für Mineralogie und Geologie zeugt auch seine umfangreiche Steinsammlung.

2 In einer Interpretation zu dem Gedicht heißt es:

> „Aber diese Raumbewegung ist ja auch eine Reise durch die Zeit, von Sonnenaufgang bis Sonnenuntergang, und die vollzieht sich mit so verallgemeinernder Gewalt, daß sich (großartig und schlicht) mehr als nur andeutet: dieser Tageslauf könnte auch Bild eines Lebenslaufs sein."
>
> *Aus: Reinhard Baumgart: Früh wenn Tal, Gebirg und Garten. In: Marcel Reich-Ranicki (Hrsg.): 1000 deutsche Gedichte und ihre Interpretationen, Bd. 2. Frankfurt a. M.: Insel 1994.*

Überprüfen Sie diesen Deutungsansatz am Text.

3 Kreatives Schreiben: Entwerfen Sie, als ergänzendes Gegenstück, einen Text, der sich auf die Nacht bezieht.

L → 68

Der Traum von Arkadien – Hölderlin: *An die Natur* M 7

Im Jahr 1795 verfasste der 25-jährige Friedrich Hölderlin (1770–1843) das Gedicht *An die Natur.* In wehmütiger Grundhaltung blickt darin der Sprecher aus einer Situation der Entfremdung und des Ungenügens auf eine „goldene“ Vorzeit zurück.

Friedrich Hölderlin: An die Natur

Da ich noch um deinen Schleier spielte,
Noch an dir, wie eine Blüte, hing,
Noch dein Herz in jedem Laute fühlte,
Der mein zärtlichbebend Herz umfing,
Da ich noch mit Glauben und mit Sehnen
Reich, wie du, vor deinem Bilde stand,
Eine Stelle noch für meine Tränen,
Eine Welt für meine Liebe fand,

Da zur Sonne noch mein Herz sich wandte,
Als vernähme seine Töne sie,
Und die Sterne seine Brüder nannte
Und den Frühling Gottes Melodie,
Da im Hauche, der den Hain bewegte,
Noch dein Geist, dein Geist der Freude sich
In des Herzens stiller Welle regte,
Da umfingen goldne Tage mich.

Wenn im Tale, wo der Quell mich kühlte,
Wo der jugendlichen Sträuche Grün
Um die stillen Felsenwände spielte
Und der Aether[1] durch die Zweige schien,
Wenn ich da, von Blüten übergossen,
Still und trunken ihren Othem[2] trank
Und zu mir, von Licht und Glanz umflossen,
Aus den Höhn die goldne Wolke sank –

Wenn ich fern auf nackter Heide wallte,
Wo aus dämmernder Geklüfte Schoß
Der Titanensang[3] der Ströme schallte
Und die Nacht der Wolken mich umschloß,
Wenn der Sturm mit seinen Wetterwogen
Mir vorüber durch die Berge fuhr
Und des Himmels Flammen mich umflogen,
Da erschienst du, Seele der Natur!

Oft verlor ich da mit trunknen Tränen
Liebend, wie nach langer Irre sich
In den Ozean die Ströme sehnen,
Schöne Welt! in deiner Fülle mich;
Ach! da stürzt ich mit den Wesen allen
Freudig aus der Einsamkeit der Zeit,
Wie ein Pilger in des Vaters Hallen,
In die Arme der Unendlichkeit. –

Seid gesegnet, goldne Kinderträume,
Ihr verbargt des Lebens Armut mir,
Ihr erzogt des Herzens gute Keime,
Was ich nie erringe, schenktet ihr!
O Natur! an deiner Schönheit Lichte,
Ohne Müh und Zwang entfalteten
Sich der Liebe königliche Früchte,
Wie die Ernten in Arkadien.

Tot ist nun, die mich erzog und stillte,
Tot ist nun die jugendliche Welt,
Diese Brust, die einst ein Himmel füllte,
Tot und dürftig, wie ein Stoppelfeld;
Ach! es singt der Frühling meinen Sorgen
Noch, wie einst, ein freundlich tröstend Lied,
Aber hin ist meines Lebens Morgen,
Meines Herzens Frühling ist verblüht.

Ewig muß die liebste Liebe darben,
Was wir lieben, ist ein Schatten nur,
Da der Jugend goldne Träume starben,
Starb für mich die freundliche Natur;
Das erfuhrst du nicht in frohen Tagen,
Daß so ferne dir die Heimat liegt,
Armes Herz, du wirst sie nie erfragen,
Wenn dir nicht ein Traum von ihr genügt.

Aus: Friedrich Hölderlin: Sämtliche Werke. Kleine Stuttgarter Ausgabe, Bd. 1: Gedichte bis 1800. Stuttgart 1944, S. 198 ff.

Anmerkungen

1 Aether: poetisch für Himmel
2 Othem: poetisch für Atem
3 Titanen: Göttergeschlecht der griech. Mythologie, das während des sog. Goldenen Zeitalters herrschte und das später von den olympischen Göttern (Zeus etc.) besiegt wurde

1 Beschreiben Sie grob den zeitlichen Aufbau des Gedichts und fassen Sie den Inhalt kurz zusammen.

L → 68

info

Das Goldene Zeitalter

Arkadien: „Arcadia, eine Gebirgslandschaft auf dem Peloponnes [Griechenland], die als Land der Hirten und Jäger und als Heimat des Hirtengottes Pan gilt. – Seit Vergils [lat. Dichter, 70–19 v. Chr.] *Bucolica* wird Arkadien meist als Schauplatz der Hirtenpoesie gewählt [...] und dabei zum utopischen, Mythos und Wirklichkeit verbindenden Wunschbild eines Landes der Liebe, der Freundschaft, des idyllischen Friedens und des goldenen Zeitalters."

Aus: Dieter Burdorf et al. (Hrsg.): Metzler Lexikon Literatur. 3. Aufl. Stuttgart: J. B. Metzler 2007, S. 44 f.

Goldenes Zeitalter: seit der Antike nachweisbare Vorstellung von einem früh- oder urzeitlichen paradiesischen Zustand, demgegenüber sich der weitere Prozess der Geschichte als Verschlechterung darstellt.

Aus: Gerhard Kwiatkowski (Hrsg.): Schülerduden. Die Religionen. Leipzig: Bibliographisches Institut 1977, S. 155.

Ovid schreibt in seinen *Metamorphosen* über das Goldene Zeitalter unter anderem: „Frei von Zwang, von keiner Hacke berührt, von keiner Pflugschar verwundet, gab von sich aus alles die Erde. Die Menschen waren zufrieden mit Speisen, die ohne jemands Zutun wuchsen, und sammelten Früchte [...]. Ewiger Frühling herrschte, und linder Westwind fächelte mit lauen Lüften die Blumen, die niemand gepflanzt hatte. Bald trug ungepflügt die Erde auch Früchte des Feldes, und [...] die Flur [wurde] gelb von schweren Ähren."

Aus: Gerhard Fink (Hrsg.): Ovid: Metamorphosen. Zürich: Artemis & Winkler 2004.

2 Erschließen und interpretieren Sie das Gedicht genau. Betrachten Sie dazu den Text unter folgenden Aspekten:

- Naturdinge und -bereiche
- Selbstdarstellung des lyrischen Ich in sprachlichen Bildern
- abstrakte Begriffe wie Gefühle, Empfindungen, Werte
- religiöses Vokabular
- Kommunikationsstruktur

Legen Sie eine Übersicht nach dem folgenden Vorbild an und tragen Sie darin Ihre Beobachtungen ein. Das Gedicht ist hier bereits in kleinere Sinneinheiten unterteilt, die den Entwicklungsphasen des jungen Menschen entsprechen:

TEIL I: Erinnerung an Kindheit und Jugend in Verbundenheit mit der Natur: Strophe 1–6

1. Der Sprecher im Stadium der Kindheit: Strophe 1–2
2. Der Sprecher in den einzelnen Entwicklungsstufen des Jugendalters
   - a erwachende Sexualität: Strophe 3
   - b Hinausziehen in die Welt: Strophe 4
   - c Selbstverlust und Heimkehr in „des Vaters Hallen": Strophe 5
3. Erkenntnis und der Übergang von der Erinnerung an die Vergangenheit zur Klage über die Gegenwart (Strophe 6)

TEIL II: Klage über den Verlust von Kindheit und Jugend: Strophe 7–8

L → 68

Das Gedicht *An die Natur* entstand während Hölderlins Arbeit an seinem Briefroman *Hyperion.*

Die Titelfigur des Romans, ein junger Grieche, lebt zur Zeit des griechischen Aufstandes gegen die türkische Fremdherrschaft (um 1770). Nach dem Tod seiner Geliebten Diotima findet er Ruhe im Einklang mit der Natur. Seine Briefe richtet er an den Freund Bellarmin, den er auf einer Reise nach Deutschland kennengelernt hat.

Friedrich Hölderlin: Hyperion

Eines zu sein mit Allem, das ist Leben der Gottheit, das ist der Himmel des Menschen.

Eines zu sein mit Allem, was lebt, in seliger Selbstvergessenheit wiederzukehren ins All der Natur, das ist der Gipfel der Gedanken und Freuden, das ist die heilige Bergeshöhe, der Ort der ewigen Ruhe, wo der Mittag seine Schwüle und der Donner seine Stimme verliert [...].

Auf dieser Höhe steh ich oft, mein Bellarmin! Aber ein Moment des Besinnens wirft mich herab. Ich denke nach und finde mich, wie ich zuvor war, allein, mit allen Schmerzen der Sterblichkeit, und meines Herzens Asyl, die ewigeinige Welt, ist hin; die Natur verschließt die Arme, und ich stehe, wie ein Fremdling, vor ihr, und verstehe sie nicht.

Ach! wär ich nie in eure Schulen gegangen. Die Wissenschaft, der ich in den Schacht hinunter folgte, von der ich, jugendlich töricht, die Bestätigung meiner reinen Freude erwartete, die hat mir alles verdorben.

Ich bin bei euch so recht vernünftig geworden, habe gründlich mich unterscheiden gelernt von dem, was mich umgibt, bin nun vereinzelt in der schönen Welt, bin so ausgeworfen aus dem Garten der Natur, wo ich wuchs und blühte, und vertrockne an der Mittagssonne. [...]

Aus: Friedrich Hölderlin: Hyperion. Stuttgart: Reclam 1998.

3 a Welche Gründe für die Entfremdung von der Natur führt Hyperion hier an?

b Vergleichen Sie Ihre Ergebnisse mit den im Gedicht *An die Natur* aufscheinenden Gründen für den Tod der Natur.

Carl Rottmann: Die Insel Delos (1847)

M8 Rätselhafte Natur – Die Romantik

Im literarischen Kontext der Romantik zeigt die Natur weitere Facetten. Sie birgt Geheimnisse, die Texte beschwören mittelalterlich-märchenhafte Landschaften herauf, die Dichter entdecken die Nachtseiten der Natur.

1 Im Folgenden sind zwei Texte durcheinander geraten. Setzen Sie die Verse zu den beiden jeweils einstrophigen Gedichten zusammen.

Mondbeglänzte Zaubernacht,

Waldeinsamkeit

2 Unterstreichen Sie in den beiden Texten typisch romantische Motive.

3 Auf der nächsten Seite finden Sie für die Romantik repräsentative Textausschnitte und Bilder sowie literaturwissenschaftliche Erklärungen. Verbinden Sie den Textausschnitt oder das Bild mit der jeweils passenden wissenschaftlichen Erklärung.

L → 71

1

„[D]ie Natur [erhält] bei vielen Romantikern geradezu hieroglyphischen Charakter: sie verbirgt ihre Geheimnisse, die nur der mit besonderen Kräften begabte Naturkundige zu enträtseln vermag. So wird der Dichter zum Leser im Buch der Natur, in seinen Gedichten enthüllen sich die geheimnisvollen Chiffren, offenbart sich das Wesen der Schöpfung. [D]er wahrhafte Dichter wird zum Enträtsler und zum Künder des in der Natur verborgenen Sinns."

3

„Die Nacht ist Spielraum der Träume, die man als Manifestation des Un- und Vorbewussten zu interpretieren beginnt."

A

Joseph von Eichendorff: Aus dem Leben eines Taugenichts

Wem Gott will rechte Gunst erweisen,
Den schickt er in die weite Welt,
dem will er seine Wunder weisen
In Berg und Wald und Strom und Feld.

C

Caspar David Friedrich: Wanderer über dem Nebelmeer

2

„Als Antwort auf die Aufklärung kommt es zu einer Aufwertung der „Dunkelheit" als dem Projektionsraum unerschöpflicher Phantasien, als einem Raum des Unbestimmten und Ungeordneten, des Vieldeutigen und Numinosen [numinos: zugleich schaudervoll und anziehend], der Wesenheiten mit unscharfen Rändern, der ineinander fließenden Sachverhalte. Die Nacht und ihre Ausgeburten werden insbesondere zu Indikatoren der produktiven Einbildungskraft."

4

„Nach innen führt der geheimnisvolle Weg", heißt die Parole bei Novalis. Nicht objektive Welterfahrung, sondern subjektives Sich-finden in der Natur, die zum Spiegel des eigenen Innern wird. Der Wanderer ist jetzt die Personifizierung romantischer Sehnsucht nach dem Unendlichen."

D

Joseph von Eichendorff: Wünschelrute

Schläft ein Lied in allen Dingen,
Die da träumen fort und fort,
und die Welt hebt an zu singen,
Triffst du nur das Zauberwort.

„[…] Der Jüngling verlor sich allmählich in süßen Phantasien und entschlummerte. Da träumte ihm erst von unabsehlichen Fernen, und wilden, unbekannten Gegenden. Er wanderte über Meere mit unbegreiflicher Leichtigkeit; wunderliche Tiere sah er […]."

Aus: Novalis: Heinrich von Ofterdingen: Erstes Kapitel

B

E

Carl W. Kolbe: Phantastischer Baum (Kupferstich)

5

„Schönheit und Erhabenheit manifestieren sich für ihn vor allem in der Spannung zwischen der Unendlichkeit – der Ewigkeit von Schnee und Eis – und dem Ablauf der Zeit, den Tageszeiten von Morgen und Abend, die als Übergange vom Tag zur Nacht und von der Nacht zum Tag Zeit und Vergänglichkeit besonders spürbar machen."

M9 „Alles ist ewig im Innern verwandt“: Brentanos *Sprich aus der Ferne* (1801)

Nacht entstammt dem Bilderzyklus *Die Zeiten* des romantischen Malers Philipp Otto Runge, in dem er die vier Tageszeiten symbolisch-allegorisch dargestellt hat. Wie der Maler selbst in einem Brief mitteilt, ging der Zyklus hervor aus der „Empfindung des Zusammenhanges des ganzen Universums mit uns“.

Quelle: Brief an seinen Bruder vom 9. 3. 1802, zitiert nach: Gerhard Schulz: Romantik. Geschichte und Begriff. München: C. H. Beck 2007, S. 40.

Clemens Brentano (1778–1842) zählt zu den wichtigsten Vertretern der Romantik. Bekannt ist vor allem seine Sammlung von Volksliedern *Des Knaben Wunderhorn*, die er zusammen mit Achim von Arnim herausgab. Das folgende Gedicht von Brentano erschien im Jahr 1801.

Clemens Brentano: Sprich aus der Ferne (1801)

Sprich aus der Ferne
Heimliche Welt,
Die sich so gerne
Zu mir gesellt.

Wenn das Abendrot niedergesunken,
Keine freudige Farbe mehr spricht,
Und die Kränze still leuchtender Funken
Die Nacht um die schattigte Stirne flicht:

Wehet der Sterne
Heiliger Sinn
Leis durch die Ferne
Bis zu mir hin.

Wenn des Mondes still lindernde Tränen
Lösen der Nächte verborgenes Weh;
Dann wehet Friede. In goldenen Kähnen
Schiffen die Geister im himmlischen See.

Glänzender Lieder
Klingender Lauf
Ringelt sich nieder,
Wallet hinauf.

Wenn der Mitternacht heiliges Grauen
Bang durch die dunklen Wälder hinschleicht,
Und die Büsche gar wundersam schauen,
Alles sich finster tiefsinnig bezeugt:

Wandelt im Dunkeln
Freundliches Spiel,
Still Lichter funkeln
Schimmerndes Ziel.

Alles ist freundlich wohlwollend verbunden,
Bietet sich tröstend und traurend die Hand,
Sind durch die Nächte die Lichter gewunden,
Alles ist ewig im Innern verwandt.

Sprich aus der Ferne
Heimliche Welt,
Die sich so gerne
Zu mir gesellt.

Aus: Clemens Brentano: Godwi oder Das steinerne Bild der Mutter. Ein verwilderter Roman von Maria. In: Werner Bellmann (Hrsg.): Clemens Brentano: Sämtliche Werke und Briefe, Bd. 16: Prosa I. Stuttgart 1978, S. 184 f.

L → 71

1 **a** Klären Sie die Grundsituation des Gedichtes (Wer/Was? Wann? Wo?). Wie wirkt die Stimmung auf Sie?

b Untersuchen Sie den äußeren Aufbau des Gedichtes (Strophenform, Reimgestalt) im Zusammenhang mit dem inneren, gedanklichen Aufbau und erschließen Sie das Gedicht.

c Wodurch wird der Text strukturiert?

2 **a** Ein grundlegendes sprachliches Mittel, mit dem hier über Natur und Welt gesprochen wird, ist die Personifikation. Untersuchen Sie diesen Aspekt der poetischen Sprache genau am Text: Welche Verhaltensweisen, Eigenschaften und Stimmungen lassen sich erkennen?

info

Personifikation

[aus lat. *persona* = Maske, Gestalt, *facere* = machen]

in der Stilistik die Darstellung eines allgemeinen Gegenstandes als eine menschliche Gestalt. Es kann sich dabei um Abstrakta (Liebe, Tod), Kollektiva (Städte), Naturerscheinungen (Abendröte), aber auch um Konkreta handeln. Die Personifikation ist ein Spezialfall der Anthropomorphisierung [Vermenschlichung], bei der ein unbelebter oder tierischer bzw. pflanzlicher Gegenstand Züge des Menschlichen erhält.

Aus: Dieter Burdorf et al. (Hrsg.): Metzler Lexikon Literatur. 3. Aufl. Stuttgart: J. B. Metzler 2007, S. 579.

b Bestimmen Sie, ausgehend von Ihren Ergebnissen, das Verhältnis zwischen Ich und Natur. Überlegen Sie dazu zunächst, welche der folgenden Begriffe zu dem Gedicht passen und welche nicht.

Mutter-Kind-Verhältnis • Distanz • Pantheismus • All-Einheitsgefühl • All-Verbundenheitsgefühl

Formulieren Sie eine zusammenhängende Aussage.

c Welche der im folgenden Text genannten Aspekte vom *Buch der Natur* lassen sich in Brentanos Gedicht wiederfinden?

Das romantische Naturverständnis war insbesondere inspiriert von dem frühneuzeitlichen Konzept der Natur als Buch, das in geheimen Zeichen abgefasst ist. Der den Naturphänomenen eingeschriebene Sinn, dessen Rätselhaftigkeit auch mit Hieroglyphen verglichen wird, muss erst dechiffriert werden. Nach Auffassung der Romantiker kann der Text der Natur nicht rational, sondern nur über die Phantasie entschlüsselt werden. Demnach ist es vor allem der Dichter, dem sich der verborgene Sinn der Natur offenbart. Romantische Dichtung versteht sich als Dechiffrierkunst, Natur und Poesie erscheinen als innerlich verwandt.

Nach: Monika Schmitz-Emans: Einführung in die Literatur der Romantik. 3. Aufl. Darmstadt: WBG 2009, S. 59 f.

M 10 „Gegrüßt sei du viel lieber Wald!“

Als führender Theoretiker der frühen Romantik gilt Friedrich Schlegel (1772–1829), der zusammen mit seinem Bruder August Wilhelm (1767–1845) die Literaturzeitschrift *Athenaeum* herausgab. In dieser Zeitschrift, im sogenannten „116. Fragment“, formulierte er das für die Romantik programmatische Konzept der „progressiven Universalpoesie“. Auch das folgende Gedicht ist von Friedrich Schlegel.

Friedrich Schlegel: Im Speßhart[1] (1806)

Gegrüßt sei du viel lieber Wald!
Es rührt mit wilder Lust,
Wenn abends fern das Alphorn schallt,
Erinnrung mir die Brust.

Jahrtausende wohl standst du schon,
O Wald so dunkel kühn,
Sprachst allen Menschenkünsten Hohn,
Und webtest fort dein Grün.

Wie mächtig dieser Äste Bug,
Und das Gebüsch wie dicht,
Was golden spielend kaum durchschlug
Der Sonne funkelnd Licht.

Nach oben strecken sie den Lauf,
Die Stämme grad und stark;
Es strebt zur blauen Luft hinauf
Der Erde Trieb und Mark.

Durch des Gebildes Adern quillt
Geheimes Lebensblut,
Der Blätterschmuck der Krone schwillt
In grüner Frühlingsglut.

Natur, hier fühl ich deine Hand,
Und atme deinen Hauch,
Beklemmend dringt und doch bekannt
Dein Herz in meines auch.

Dann denk ich, wie vor alter Zeit,
Du dunkle Waldesnacht!
Der Freiheit Sohn sich dein gefreut
Und was er hier gedacht.

Du warst der Alten Haus und Burg;
Zu diesem grünen Zelt
Drang keines Feindes Ruf hindurch,
Frei war noch da die Welt.

Aus: Wolfgang Hecht (Hrsg.): Friedrich Schlegel: Werke in zwei Bänden. Berlin/Weimar: Aufbau-Verlag 1980.

Anmerkung

1 Spessart: Mittelgebirge im Südwesten, das das größte zusammenhängende Gebiet aus Laubmischwäldern Deutschlands umfasst

1 Die zwei Grundideen, aus denen sich Schlegels Denkfigur der „progressiven Universalpoesie“ zusammensetzt, lassen sich auch in dem Gedicht wiederfinden. Arbeiten Sie aus dem Gedichttext die Motive und Wendungen heraus, die an die beiden folgenden Aspekte anknüpfen:

- „progressiv“: auf Unendlichkeit gerichtetes Fortschreiten der geschichtlichen Zeit, zwischen Vergangenheit und Zukunft; räumliche Ausdehnung im Sinne von Wachstum
- „universal“: alles zu einem großen Organismus verknüpfende Ganzheitlichkeit

L → 74

2 Das um 1814 entstandene Bild des Malers Caspar David Friedrich zeigt einen französischen Soldaten in einem deutschen Fichtenwald. Betrachten Sie zunächst das Bild genau, achten Sie auf Raumaufteilung und Größenverhältnisse, Farben und Licht.
Versetzen Sie sich dann in die Lage des Soldaten und notieren Sie seine Gedanken. Beziehen Sie auch die Informationen zum „Wald in der Literatur“ mit ein.

Caspar David Friedrich: Der Chasseur im Walde

info

Wald in der Literatur

Der „Wald“ ist ein Naturbild mit vielschichtiger, teils ambivalenter Bedeutung. Als Ort des Geheimnisses, der Verirrung, der unheimlichen Begegnung erscheint der Wald beispielsweise im Märchen (*Hänsel und Gretel* etc.). Sein „Zwielicht“ (so auch der Titel eines bekannten Gedichtes von Eichendorff) deutet auf die Allgegenwart der Täuschung und Verlockung. Als „Wildnis“ bildet der Wald die Gegenwelt zur kultivierten Zivilisation. Ebenso kann er Schutzraum sein und Hort der Freiheit und Gerechtigkeit, verkörpert etwa in der literarischen Gestalt des Robin Hood.
Eine besondere Rolle spielt der Wald im 19. Jahrhundert als nationales Identifikationssymbol der Deutschen. Unter dem Eindruck der napoleonischen Besatzung und der Befreiungskriege 1813 bis 1815 gegen Frankreich wurde der „deutsche Wald“ (in diesem Zusammenhang auch die Stärke und Heldenmut symbolisierende „deutsche Eiche“) zum Freiheitssymbol und Projektionsraum deutscher Identität stilisiert. Historisch bezog man sich auf die Schlacht im Teutoburger Wald (9 n. Chr.), bei der Hermann der Cherusker den römischen Feldherrn Varus besiegte und die der deutsche Nationalgedanke zum Gründungsmythos machte.
Eine weitere Facette zeigt der Wald als eine vom Treiben der Gesellschaft und der Welt abgerückte eigenständige Sphäre, als Ort kreativer Einsamkeit und Raum der Poesie.

Nach: Günter Butzer/Joachim Jacob (Hrsg.): Metzler Lexikon literarischer Symbole. 2. Aufl. Stuttgart: J. B. Metzler 2012, S. 470 f.

L → 74

„Treu und wahr und aufrecht" – Kritik an der deutschen Waldromantik

Der aus einer jüdischen Familie stammende Schriftsteller Elias Canetti (1905–1994), der 1938 aus Wien nach London emigrierte, beleuchtet in seiner Studie *Masse und Macht* (1960) die Dynamik von Menschenmassen in ihrem Verhältnis zur Macht. Dabei kommt er auch auf das Sinnbild des deutschen Waldes zu sprechen:

„Das Massensymbol der Deutschen war das Heer. Aber das Heer war mehr als das Heer: es war der marschierende Wald. In keinem modernen Land der Welt ist das Waldgefühl so lebendig geblieben wie in Deutschland. Das Rigide und Parallele der aufrechtstehenden Bäume, ihre Dichte und ihre Zahl erfüllt das Herz des Deutschen mit tiefer und geheimnisvoller Freude. Er sucht den Wald, in dem seine Vorfahren gelebt haben, noch heute gern auf und fühlt sich eins mit Bäumen.

Ihre Sauberkeit und Abgegrenztheit gegeneinander, die Betonung der Vertikalen, unterscheidet diesen Wald von dem tropischen, wo Schlinggewächse in jeder Richtung durcheinanderwachsen. Im tropischen Wald verliert sich das Auge in der Nähe, es ist eine chaotische, ungegliederte Masse, auf eine bunteste Weise belebt, die jedes Gefühl von Regel und gleichmäßiger Wiederholung ausschließt. Der Wald der gemäßigten Zone hat seinen anschaulichen Rhythmus. Das Auge verliert sich, an sichtbaren Stämmen entlang, in eine immer gleiche Ferne. Der einzelne Baum aber ist größer als der einzelne Mensch und wächst immer weiter ins Reckenhafte. Seine Standhaftigkeit hat viel von derselben Tugend des Kriegers. [...]

Der Knabe, den es aus der Enge zu Hause in den Wald hinaustrieb, um, wie er glaubte, zu träumen und allein zu sein, erlebte dort die Aufnahme ins Heer voraus. Im Wald standen schon die anderen bereit, die treu und wahr und aufrecht waren, wie er sein wollte, einer wie der andere, weil jeder gerade wächst, und doch ganz verschieden an Höhe und Stärke. Man soll die Wirkung dieser frühen Waldromantik auf den Deutschen nicht unterschätzen, in hundert Liedern und Gedichten nahm er sie auf, und der Wald, der in ihnen vorkam, hieß oft deutsch."

Aus dem Kapitel: Massensymbole der Nationen. In: Elias Canetti: Masse und Macht. Claasssen, Düsseldorf 1960.
Bild: Das Herrmannsdenkmal im Teutoburger Wald

3 Erstellen Sie eine Liste mit den Eigenschaften, die die Deutschen nach Meinung Canettis am Wald so schätzen.

L → 74

„Und meine Seele spannte weit ihre Flügel aus“ M 11

Joseph von Eichendorffs *Mondnacht* gilt als eines der schönsten, vollendetsten Gedichte deutscher Sprache, erkennbar auch daran, dass es mehr als 40-mal vertont wurde (u. a. 1840 von Robert Schumann). Die Verse entstanden wohl 1835, also zu einer Zeit, als die Romantik bereits im Ausklingen begriffen war. Eichendorff selbst hat den Text in seinen Zyklus der *Geistlichen Lieder* aufgenommen.

Joseph von Eichendorff: Mondnacht (1835)

Es war, als hätt der Himmel
Die Erde still geküßt,[1]
Daß sie im Blütenschimmer
Von ihm nun träumen müßt.

Die Luft ging durch die Felder,
Die Ähren wogten sacht,
Es rauschten leis die Wälder,
So sternklar war die Nacht.

Und meine Seele spannte
Weit ihre Flügel aus,
Flog durch die stillen Lande,
Als flöge sie nach Haus.

Aus: Joseph Freiherr von Eichendorff: Sämtliche Werke. Hist.-krit. Ausg., Bd. 1,1: Gedichte. Berlin 1921, S. 382.

Anmerkung

1 Das Bild entstammt ursprünglich alten Mythen wie etwa dem der Vereinigung der Erdmutter Gaia mit dem Himmelsgott Uranos im griechischen Schöpfungsmythos.

1 Untersuchen Sie die Modi der Prädikate (Indikativ oder Konjunktiv?) und den jeweiligen Realitätsgehalt der Aussagen. Welchen Bereichen lassen sich die einzelnen Strophen zuordnen?

2 Untersuchen Sie die sprachliche Bewegung des Textes. Legen Sie dazu eine Tabelle nach folgendem Schema an. Was fällt Ihnen auf?

V. 1 f.	Himmel beugt sich zur Erde, um sie zu küssen

3 Fassen Sie abschließend stichpunktartig zusammen: Welche Bedeutung hat die Natur in *Mondnacht*?

L → 74

M12 Enttäuschter Pantheismus: Von der Romantik zum Biedermeier

Franz von Lenbach: Hirtenknabe (1860)

1 Was mag dem Jungen durch den Kopf gehen? Schreiben Sie Ihre Vorschläge in die Sprechblase.

Im Jahr 1828 schrieb der Dichter Eduard Mörike (1804–1875) das folgende Gedicht. Obwohl es sieben Jahre früher entstand als etwa Eichendorffs *Mondnacht,* markiert Mörikes Frühlingsgedicht den Übergang von der Romantik zur literarischen Strömung des Biedermeier.

Eduard Mörike: Im Frühling (1828)

Hier lieg ich auf dem Frühlingshügel:
Die Wolke wird mein Flügel,
Ein Vogel fliegt mir voraus.
Ach, sag mir, all-einzige Liebe,
Wo du bleibst, daß ich bei dir bliebe!
Doch du und die Lüfte, ihr habt kein Haus.

Der Sonnenblume gleich steht mein Gemüte offen,
Sehnend,
Sich dehnend
In Lieben und Hoffen.
Frühling, was bist du gewillt?
Wann werd ich gestillt?

Die Wolke seh ich wandeln und den Fluß,
Es dringt der Sonne goldner Kuß
Mir tief bis ins Geblüt hinein;
Die Augen, wunderbar berauschet,
Tun, als schliefen sie ein,
Nur noch das Ohr dem Ton der Biene lauschet.

Ich denke dies und denke das,
Ich sehne mich, und weiß nicht recht, nach was:
Halb ist es Lust, halb ist es Klage;
Mein Herz, o sage,
Was webst du für Erinnerung
In golden grüner Zweige Dämmerung?
– Alte unnennbare Tage!

Aus: Karl Otto Conrady (Hrsg.): Der neue Conrady. Das große deutsche Gedichtbuch. Düsseldorf/Zürich: Artemis & Winkler 2000, S. 417 f.

L → 76

2 Finden Sie Gemeinsamkeiten zwischen Lenbachs *Hirtenknaben* mit seinen (möglichen) Gedanken und dem Sprecher des Gedichtes *Im Frühling.* Belegen Sie Ihre Beobachtungen am Text.

3 Vergleichen Sie die folgenden Textauszüge mit Mörikes *Im Frühling* in Bezug auf das Verhältnis des Sprechers zur Natur. Arbeiten Sie auch hier genau am Text.

a

Wie herrlich leuchtet
Mir die Natur!
Wie glänzt die Sonne!
Wie lacht die Flur!

Es dringen Blüten
Aus jedem Zweig
Und tausend Stimmen
Aus dem Gesträuch

(Goethe: Maifest)

b

Und frische Nahrung, neues Blut
Saug ich aus freier Welt;
Wie ist Natur so hold und gut,
die mich am Busen hält!

(Goethe: Auf dem See)

c

Eines zu sein mit Allem, was lebt, in seliger Selbstvergessenheit wiederzukehren ins All der Natur, das ist der Gipfel der Gedanken und Freuden [...].

(Hölderlin: Hyperion)

d

Und meine Seele spannte
Weit ihre Flügel aus,
Flog durch die stillen Lande

(Eichendorff: Mondnacht)

4 Mörikes Gedicht entstand in der Zeit des – als fließend zu denkenden – Übergangs von der Romantik zum Biedermeier. Welche Elemente des Textes weisen deutlich über die Romantik hinaus und lassen sich bereits als biedermeierlich identifizieren?

info

Biedermeier

In der Literaturgeschichte eine von etwa 1820 bis 1855 dauernde Strömung (daneben existierte die politisch engagierte Literatur des „Jungen Deutschland“ bzw. Vormärz).
Nach den Anstrengungen und der Aufbruchsstimmung während der Befreiungskriege gegen Napoleon wurden die Hoffnungen der Bürger auf ein national geeintes Deutschland und auf politische Mitwirkung enttäuscht. Als Reaktion darauf zogen sich viele Menschen resigniert in den unpolitischen, beschränkten Bereich des Häuslichen zurück. Das Lebensgefühl innerhalb dieser eng begrenzten privaten Idylle war geprägt von einer gewissen Heiterkeit und Gelassenheit, mit der man das Schicksal hinnahm, jedoch auch von Unsicherheit und innerer Zerrissenheit. Im liebevoll-aufmerksamen Blick auf die kleinen Dinge des Alltags wie auch auf die Natur, aber auch in der Erinnerung an eine geordnete Vergangenheit versuchte man dem Chaos einer sich verändernden und zerstreitenden Gesellschaft zu entgehen. Im Erforschen und Sammeln (z. B. von Steinen und anderen Naturalien etc.) zeigte sich ein handfesteres Verhältnisses zur Wirklichkeit.

L → 76

M 13 Ein handfestes Verhältnis zur Wirklichkeit – Droste-Hülshoff: *Die Mergelgrube*

Annette von Droste-Hülshoff (1797–1848) stammte aus einem alten katholischen Adelsgeschlecht Westfalens. Sie litt zeitlebens unter dem Standesbewusstsein ihrer Familie und den strengen patriarchalischen Strukturen, die sie aber grundsätzlich akzeptierte und die ihre konservative und katholische Grundhaltung prägten. Der folgende Textausschnitt entstammt einer Gruppe von Gedichten mit dem Titel *Heidebilder*, für die die Landschaft Westfalens den Hintergrund abgibt.

Annette von Droste-Hülshoff: Die Mergelgrube[1] (Auszug)

Stoß deinen Scheit[2] drei Spannen in den Sand,
Gesteine siehst du aus dem Schnitte ragen,
Blau, gelb, zinnoberroth, als ob zur Gant[3]
Natur die Trödelbude aufgeschlagen.
Kein Pardelfell[4] war je so bunt gefleckt,
Kein Rebhuhn, keine Wachtel so gescheckt,
Als das Gerölle gleißend wie vom Schliff
Sich aus der Scholle bröckelt bei dem Griff
Der Hand, dem Scharren mit des Fußes Spitze.
Wie zürnend sturt[5] dich an der schwarze Gneis[6],
Spatkugeln[7] kollern nieder, milchig weiß,
Und um den Glimmer fahren Silberblitze;
Gesprenkelte Porphire[8], groß und klein,
Die Ockerdruse[9] und der Feuerstein –
Nur wenige hat dieser Grund gezeugt,
Der sah den Strand, und *der* des Berges Kuppe;
Die zorn'ge Welle hat sie hergescheucht,
Leviathan[10] mit seiner Riesenschuppe,
Als schäumend übern Sinai er fuhr[11],
Des Himmels Schleusen dreißig Tage offen,
Gebirge schmolzen ein wie Zuckerkand[12],
Als dann am Ararat die Arche stand,
Und, eine fremde, üppige Natur,
Ein neues Leben quoll aus neuen Stoffen. –

Aus: Annette von Droste-Hülshoff: Gedichte. Stuttgart: Reclam 1974.

Anmerkungen

1 Mergel: Mischung aus Ton, Kalk und anderen Gesteinsarten
2 Scheit: Spaten
3 Gant: Versteigerung
4 Pardelfell: Leopardenfell; im Alten Ägypten rituelles Kleidungsstück der Könige
5 sturen: stieren, starren
6 Gneis: metamorphes Gestein aus Feldspat, Quarz und Glimmer
7 Spat: Mineral aus der Ordnung der Karbonate
8 Porphire: Porphyr, Gemisch aus verschiedenen Mineralen
9 Ockerdruse: Druse – ein Hohlraum im Gestein, der in der Regel mit Kristallen ausgekleidet ist. Im Mergel finden sich Kalkknollen, die einen gelblichen Brauneisenstein (Ocker) enthalten.
10 Leviathan: Meeresdrache aus dem Alten Testament (vgl. Ps 74,14), meist krokodilähnlich dargestellt
11 V. 19 bis V. 24: Anspielung auf die Sintflut (Gen 6–9)
12 Zuckerkand: Zuckerkandis

1 a Formulieren Sie, ausgehend vom Gedichttext, eine kurze Anleitung für Hobby-Geologen.

b Was genau möchte das Subjekt ergründen?

2 a Untersuchen Sie V. 1–14: Wie sind die Steine dargestellt? Gehen Sie auf die sprachlich-rhetorischen Mittel und deren Bedeutung ein.

b Analysieren Sie nun V. 15–24: Wie wird die Entstehung der Gesteinsarten dargestellt? Welche sprachlichen Elemente knüpfen dabei an den ersten Abschnitt des Gedichtes (V. 1–14) an?

L → 77

Auf dem Eis – Elementargeist und Mensch M14

Julius Hübner: Der Fischerknabe und die Nixe (1827, Alte Nationalgalerie Berlin)

Reinhold Max Eichler: Nixe im Eis gefangen (Zeitschrift „Jugend" 1898)

1 Wassernixen, Meerjungfrauen und Sirenen sind seit jeher beliebte Motive in Literatur und bildender Kunst. Vergleichen Sie die beiden Bilder. Halten Sie Ihre Ergebnisse in einer Tabelle fest.

Der Schweizer Gottfried Keller (1819–1890) ist vor allem als Erzähler berühmt und gilt als einer der wichtigsten Schriftsteller des Realismus. Im Jahr 1851 erschien das folgende Gedicht über die Begegnung zwischen Mensch und Nixe.

Gottfried Keller: Winternacht

Nicht ein Flügelschlag ging durch die Welt,
Still und blendend lag der weiße Schnee.
Nicht ein Wölklein hing am Sternenzelt,
Keine Welle schlug im starren See.

Aus der Tiefe stieg der Seebaum auf,
Bis sein Wipfel in dem Eis gefror;
An den Ästen klomm die Nix' herauf,
Schaute durch das grüne Eis empor.

Auf dem dünnen Glase stand ich da,
Das die schwarze Tiefe von mir schied;
Dicht ich unter meinen Füßen sah
Ihre weiße Schönheit Glied um Glied.

Mit ersticktem Jammer tastet' sie
An der harten Decke her und hin –
Ich vergeß das dunkle Antlitz nie,
Immer, immer liegt es mir im Sinn!

Nach: Andreas Huyssen (Hrsg.): Bürgerlicher Realismus. Stuttgart 1974, S. 277.

L → 78

2 Hier ist die Struktur von Gottfried Kellers Gedicht wiedergegeben. Ergänzen Sie die Lücken.

Gottfried Keller: Winternacht

OBEN: „Welt" (V. 1)

1 • ______________ (vgl. V. 2)
• Negation von allen belebenden Elementen (Vogel, Wolke, Welle, vgl. V. 1–4)
• Erstarrung (vgl. V. 1–4)

ICH

• steht auf dem Eis (vgl. V. 9): Statik
2 • ______________ (vgl. V. 11)
• Füße dicht bei … (vgl. V. 11)

3 ______________ (vgl. V. 15 f.)

TRENNUNG (V. 10) gefährlich dünne, durchsichtige Eisdecke (vgl. V. 9)

KEINE VEREINIGUNG

4 ______________ (vgl. V. 14)
5 • ______________ (V. 5)
6 • ______________ (V. 5)
• schwarz-grüne Dunkelheit (vgl. V. 8/10)

UNTEN: „Tiefe" (V. 5)

7 • ______________ (vgl. V. 12)
• schaut empor (vgl. V. 8), tastet hin und her (vgl. V. 13 f.): Aktivität
8 • ______________ (vgl. V. 7)

NIXE

erstickter Jammer (vgl. V. 13)

3 In der Literaturwissenschaft finden sich im Wesentlichen zwei Ansätze, um dieses Gedicht von Gottfried Keller zu interpretieren:

Deutungsansatz A
„Die Zweiteilung der Welt in *Winternacht* spiegelt demnach eine innere Spaltung des Menschen wider, die sich ohne weiteres mit den Begriffen der Freud'schen Psychoanalyse fassen lässt. Das Ich […] sieht sich getrennt von seiner Triebwelt, deren Fremdheit gegenüber dem bewussten Selbst hier in der Gestalt des märchenhaften Elementarwesens anschaulich gemacht wird."

Deutungsansatz B
„[D]as Gedicht führt jene Form von Naturlyrik, die sich auf den Gedanken einer Annäherung von Mensch und Natur und einer Kommunikation zwischen ihnen gründet […], an einen Endpunkt."

Aus: Ulrich Kittstein: Deutsche Naturlyrik: Ihre Geschichte in Einzelanalysen. Darmstadt: WBG 2009, S. 169, 171.

a Diskutieren Sie: Welcher der beiden Ansätze überzeugt Sie mehr?

b Auch in einem Schlüsseltext der Romantik, dem Romanfragment *Heinrich von Ofterdingen* von Novalis, spielt Wasser eine bedeutende Rolle: Auf den ersten Seiten des Romans schläft der Protagonist ein und gelangt im Traum an ein Wasserbecken, wo ihn „ein unwiderstehliches Verlangen ergriff […], sich zu baden. […] Und jede Welle des lieblichen Elements schmiegte sich wie ein zarter Busen an ihn. Die Flut schien eine Auflösung reizender Mädchen, die an dem Jünglinge sich augenblicklich verkörperten."

Aus: Novalis: Heinrich von Ofterdingen. Stuttgart: Reclam 1987.

Vergleichen Sie diese Zeilen aus *Heinrich von Ofterdingen* mit Kellers Gedicht *Winternacht* und setzen Sie die romantische Textpassage in Beziehung zu den Deutungsansätzen A und B.

L → 78

Im Kornfeld – „Sommernacht“ M15

Das Gegenstück zu Gottfried Kellers Gedicht *Winternacht* entstand im Jahr 1846 und trägt den Titel *Sommernacht*.

Hier zunächst die erste Strophe:

Es wallt das Korn weit in die Runde
Und wie ein Meer dehnt es sich aus;
Doch liegt auf seinem stillen Grunde
Nicht Seegewürm noch andrer Graus;
Da träumen Blumen nur von Kränzen
Und trinken der Gestirne Schein,
O goldnes Meer, dein friedlich Glänzen
Saugt meine Seele gierig ein

1 **a** Erschließen Sie die sprachliche Gestaltung dieser Strophe.

b Untersuchen Sie die rhythmische Lesart der Verse. An welchen Stellen weicht die Lesart vom Schema ab? Welche Wirkung wird damit erzielt?

c Verorten Sie diesen Abschnitt stilistisch und literaturgeschichtlich innerhalb der Ihnen bisher bekannten Naturlyrik. Beziehen Sie sich dazu auf ähnliche Bilder und Motive.

Jean-François Millet: Die Ährenleserinnen (1857)

L → 78

Die durch das romantische Naturbild der ersten Strophe geweckten Lesererwartungen werden nicht erfüllt, denn im weiteren Verlauf des Gedichtes kommen andere Aspekte hinzu:

In meiner Heimat grünen Talen,
Da herrscht ein alter schöner Brauch:
Wann hell die Sommersterne strahlen,
Der Glühwurm schimmert durch den Strauch,
Dann geht ein Flüstern und ein Winken,
Das sich dem Ährenfelde naht,
Da geht ein nächtlich Silberblinken
Von Sicheln durch die goldne Saat.

Das sind die Bursche jung und wacker,
Die sammeln sich im Feld zuhauf
Und suchen den gereiften Acker
Der Witwe oder Waise auf,
Die keines Vaters, keiner Brüder
Und keines Knechtes Hilfe weiß –
Ihr schneiden sie den Segen nieder,
Die reinste Lust ziert ihren Fleiß.

Schon sind die Garben festgebunden
Und rasch in einen Ring gebracht;
Wie lieblich flohn die kurzen Stunden,
Es war ein Spiel in kühler Nacht!
Nun wird geschwärmt und hell gesungen
Im Garbenkreis, bis Morgenluft
Die nimmermüden braunen Jungen
Zur eignen schweren Arbeit ruft.

Aus: Karl Otto Conrady (Hrsg.): Der neue Conrady. Das große deutsche Gedichtbuch. Düsseldorf/Zürich: Artemis & Winkler2000, S. 490.

2 **a** Untersuchen Sie die Strophen zwei bis vier von Kellers Gedicht im Hinblick auf die Darstellung der Menschen, der Natur und deren Beziehung zueinander.

b In einer Untersuchung zu Kellers Gedicht *Sommernacht* findet sich der folgende Deutungsansatz. Ergänzen Sie den Auszug mit eigenen Worten.

> Die beginnende Industrialisierung zeitigt eine lieblose und sinnentleerte Arbeit, die, an den englischen Verhältnissen noch früher bemerkt, Karl Marx zum Ausgangspunkt seiner Kritik an der kapitalistischen Ökonomie nimmt. Das Gedicht …
>
> *Aus: Günter Stephan: Naturlyrik. Gattungs- und epochenspezifische Aspekte. Stuttgart: Klett 1989, S. 90.*

info

Realismus

Die literarische Strömung des Realismus setzt nach der gescheiterten Revolution von 1848/49 ein und wird um 1890 durch den Naturalismus abgelöst. Die technischen und naturwissenschaftlichen Fortschritte und – Hand in Hand damit – die stetig sich fortentwickelnde Industrialisierung haben tiefgreifende Auswirkungen auf die Lebens- und Arbeitswelt der Menschen und spiegeln sich auch in der Literatur wider.
Die Lyrik dieser Zeit ist häufig eine auf Gegenständlichkeit und Diesseitigkeit ausgerichtete realistische Erlebnislyrik.

L → 78

Möwenflüge

M16

Ein weiterer Vertreter des poetischen Realismus ist Theodor Storm (1817–1888). Eines seiner bekanntesten Naturgedichte trägt den Titel *Meeresstrand.*

1 Der Gedichttext ist im Folgenden unvollständig wiedergegeben. Ergänzen Sie die Lücken, indem Sie eine der angebotenen Wendungen auswählen.

Theodor Storm: Meeresstrand

Ans Haff[1] nun fliegt die Möwe,				
Und ______________ bricht herein;	V. 2	☐ Morgen	☐ Dämmrung	☐ Tageslicht
Über die ______________ Watten[2]	V. 3	☐ feuchten	☐ glitzernden	☐ leuchtenden
Spiegelt der ______________.	V. 4	☐ Sonnenschein	☐ Abendschein	☐ Sternenschein
______________ Geflügel huschet	V. 5	☐ Buntes	☐ Weißes	☐ Graues
Neben dem Wasser her;				
______________ liegen die Inseln	V. 7	☐ Strahlend	☐ Wie Träume	☐ Verzaubert
______________ auf dem Meer.	V. 8	☐ Im Schimmer	☐ Im Blauen	☐ Im Nebel
Ich höre des ______________________	V. 9	☐ gärenden Schlammes	☐ rauschenden Flatterns	☐ kreuzenden Dampfers
______________ Ton,	V. 10	☐ Weithin hallenden	☐ Geheimnisvollen	☐ Munterleichten
______________ Vogelrufen –	V. 11	☐ Vielstimmiges	☐ Kreischendes	☐ Einsames
So war es immer schon.				
Noch einmal ______________	V. 13	☐ schauert leise	☐ brauset heftig	☐ wehet lieblich
Und schweiget dann der Wind;				
Vernehmlich werden die Stimmen,				
Die über der Tiefe sind.				

Aus: Theodor Storm: Gedichte. Stuttgart: Reclam 1978.

Anmerkungen

1 Haff: durch einen schmalen Landstreifen oder durch Inseln vom offenen Meer abgetrenntes Gewässer an einer Flachküste

2 Watt: seichter Küstenstreifen, dessen Meeresboden aus Sand und Schlick bei Ebbe nicht überflutet ist

L → 80

Theodor Storm ist in der an der Nordsee gelegenen Stadt Husum geboren. Seine Werke sind eng mit seiner norddeutschen Heimat verbunden. Dies zeigt auch seine Novelle *Der Schimmelreiter* (1888).

Zu Beginn dieses Prosatextes berichtet der Erzähler, wie er „[...] bei starkem Unwetter auf einem nordfriesischen Deich entlang ritt. Zur Linken hatte ich jetzt schon seit über einer Stunde die öde, bereits von allem Vieh gelehrte Marsch, zur Rechten, und zwar in unbehaglichster Nähe, das Wattenmeer der Nordsee; [...] ich sah nichts als die gelbgrauen Wellen, die unaufhörlich wie mit Wutgebrüll an den Deich hinaufschlugen und mitunter mich und das Pferd mit schmutzigem Schaum bespritzten; dahinter wüste Dämmerung, die Himmel und Erde nicht unterscheiden ließ; [...] ich verdachte es nicht den Krähen und Möwen, die sich fortwährend krächzend und gackernd vom Sturm ins Land hineintreiben ließen. Die Nachtdämmerung hatte begonnen, und schon konnte ich nicht mehr mit Sicherheit die Hufen meines Pferdes erkennen; keine Menschenseele war mir begegnet, ich hörte nichts als das Geschrei der Vögel, wenn sie mich oder meine treue Stute fast mit den langen Flügeln streiften, und das Toben von Wind und Wasser."

Aus: Theodor Storm: Der Schimmelreiter. Stuttgart: Reclam 2014.

2 Nehmen Sie sich noch einmal die Lücken-Fassung von Storms *Meeresstrand* (Aufgabe 1) vor und prüfen Sie, inwieweit die von Ihnen erstellte Variante der Atmosphäre in dem Auszug aus dem *Schimmelreiter* entspricht.

3 Erschließen Sie das Gedicht *Meeresstrand* von Theodor Storm. Achten Sie dabei insbesondere auf

a die optische und die akustische Wahrnehmung,

b den Standpunkt des lyrischen Ich und seine Beziehung zur Natur,

c Zeit- und Wirklichkeitsbezug des Gedichtes.

Ans Haff nun fliegt die Möwe,
Und Dämmrung bricht herein;
Über die feuchten Watten
Spiegelt der Abendschein.

Graues Geflügel huschet
Neben dem Wasser her;
Wie Träume liegen die Inseln
Im Nebel auf dem Meer.

Ich höre des gärenden Schlammes
Geheimnisvollen Ton,
Einsames Vogelrufen –
So war es immer schon.

Noch einmal schauert leise
Und schweiget dann der Wind;
Vernehmlich werden die Stimmen,
Die über der Tiefe sind.

4 Wessen Stimmen könnten es sein, die am Ende des Gedichtes vernehmbar werden? Was könnten sie sagen? Stellen Sie Vermutungen an.

L → 80

Erkenne dich selbst: Gespiegelte Möwen

M 17

Um fliegende Möwen geht es auch in einem Gedicht des Schweizer Dichters Conrad Ferdinand Meyer (1825–1898), der ebenfalls als bedeutender Vertreter des poetischen Realismus gilt.

1 Bei der folgenden Version des Gedichts wurde die Stropheneinteilung weggelassen. Unterteilen Sie den Text selbst, fassen Sie die von Ihnen als sinnvoll erachteten Strophen mit geschweiften Klammern zusammen und notieren Sie jeweils die Begründung für Ihre Entscheidung.

Conrad Ferdinand Meyer: Möwenflug (1882)

Möwen sah um einen Felsen kreisen
Ich in unermüdlich gleichen Gleisen,
Auf gespannter Schwinge schweben bleibend,
Eine schimmernd weiße Bahn beschreibend,
Und zugleich in grünem Meeresspiegel
Sah ich um dieselben Felsenspitzen
Eine helle Jagd gestreckter Flügel
Unermüdlich durch die Tiefe blitzen.
Und der Spiegel hatte solche Klarheit,
Dass sich anders nicht die Flügel hoben
Tief im Meer als hoch in Lüften oben,
Dass sich völlig glichen Trug und Wahrheit.
Allgemach beschlich es mich wie Grauen,
Schein und Wesen so verwandt zu schauen,
Und ich fragte mich, am Strand verharrend,
Ins gespenstische Geflatter starrend:
Und du selber? Bist du echt beflügelt?
Oder nur gemalt und abgespiegelt?
Gaukelst du im Kreis mit Fabeldingen?
Oder hast du Blut in deinen Schwingen?

Aus: Conrad Ferdinand Meyer: Sämtliche Gedichte. Stuttgart: Reclam 1978.

2 Vergleichen Sie Conrad Ferdinand Meyers *Möwenflug* mit Storms Gedicht *Meeresstrand.* Konzentrieren Sie sich dabei auf folgende Aspekte:

a Flug der Möwe(n)

b Spiegelung

c Atmosphäre

d sprachliche Präsenz des lyrischen Ich

e Verhältnis lyrisches Ich – Natur

L → 81

M18 Winterbilder

Pieter Brueghel d. J. (nach d. Ä.): Winterlandschaft mit Vogelfalle (1601)

Vincent van Gogh: Winter: Die Ebene von Chailly (1890)

1 Beschreiben Sie die beiden Bilder. Wie wirkt jeweils die winterliche Atmosphäre?

2 In welcher der beiden Szenerien würden Sie sich lieber aufhalten? Begründen Sie Ihre Meinung.

L → 82

Die Welt: ein Tor ins Nichts – Nietzsche: *Vereinsamt* M19

Der Philosoph Friedrich Nietzsche (1844–1900) hat maßgeblich das Denken und damit auch die Literatur des 20. Jahrhunderts beeinflusst. In dem Gedicht *Vereinsamt* formt er Komponenten seiner philosophischen Gedankenwelt in lyrische Sprache um. In distanzierender Selbstanrede artikuliert der Sprecher seine innere Problematik größter Einsamkeit.

Friedrich Nietzsche: Vereinsamt (1887)

Die Krähen schrein
Und ziehen schwirren Flugs zur Stadt:
Bald wird es schnein. –
Wohl dem, der jetzt noch Heimat hat!

Nun stehst du starr,
Schaust rückwärts, ach! wie lange schon!
Was bist Du Narr
Vor Winters in die Welt entflohn?

Die Welt – ein Tor
Zu tausend Wüsten stumm und kalt!
Wer das verlor,
Was du verlorst, macht nirgends halt.

Nun stehst du bleich,
Zur Winter-Wanderschaft verflucht,
Dem Rauche gleich,
Der stets nach kältern Himmeln sucht.

Flieg, Vogel, schnarr
Dein Lied im Wüstenvogel-Ton! –
Versteck, du Narr,
Dein blutend Herz in Eis und Hohn!

Die Krähen schrein
Und ziehen schwirren Flugs zur Stadt:
Bald wird es schnein. –
Weh dem, der keine Heimat hat.

Aus: Jost Hermand (Hrsg.): Friedrich Nietzsche: Gedichte. Stuttgart: Reclam 1964, S. 24.

1 **a** Welches der beiden Gemälde spiegelt eher die Stimmung von Nietzsches Text wider?

b Überprüfen Sie am Text folgende Aussage aus einer Interpretation des Gedichtes.

> „Auf Anhieb erscheint der […] Text ausgesprochen leicht verständlich und in formaler Hinsicht eher konventionell. […] Wir begegnen einer streng durchdachten, einfachen lyrischen Konstruktion."

c Weiter heißt es in der Interpretation:

> „[Z]wischen dieser durchaus herkömmlichen Form und dem desillusionierenden Inhalt gibt es eine deutliche Spannung. Gleiches gilt hinsichtlich der sprachlichen Gestaltung. Das einfache Thema, die Erfahrung existenzieller Einsamkeit, kommt […] in schwer lastender, sprachlich teilweise zerrissener Gedankenfracht daher. Dafür sorgen zunächst die rhetorischen Wendungen, ferner stellenweise gewisse metaphorische Gewaltsamkeiten oder abstrakte Wortbildungen. Was beim ersten Lesen befremden mag, erweist sich andererseits literarhistorisch als unverkennbarer Ansatz zur Erneuerung der weithin im Konventionellen festgefahrenen deutschen Lyriksprache in der zweiten Hälfte des 19. Jahrhunderts."
>
> *Aus: Theo Buck: Streifzüge durch die Poesie. Von Klopstock bis Celan. Gedichte und Interpretationen. Köln u. a.: Böhlau 2010, S. 160–170.*

Benennen Sie die Wendungen im Text, die Sie möglicherweise „beim ersten Lesen befremden", und beschreiben Sie ihre Wirkung.

L → 82

2 a Untersuchen Sie das Motiv der Krähen und die Darstellung der Räume, die im Gedicht genannt werden. Beziehen Sie in Ihre Überlegungen die Informationen zu den „Auspizien“ mit ein.

info

Auspizien

Im römischen Imperium lag die Zuständigkeit für die Auspizien [von lateinisch *auspicia* „Vogelschau“] bei speziellen Beamten, den Auguren. Diese beobachteten den Vogelflug, um daraus den Willen der Götter abzuleiten.

b „Welt“ ist ein zentraler Begriff der Naturlyrik. Vergleichen Sie die Aspekte dieses Begriffs in den Gedichtauszügen mit Nietzsches *Vereinsamt.*

Goethe: Maifest

„O Lieb, o Liebe
So golden schön
Wie Morgenwolken
auf jenen Höhn,

Du segnest herrlich
Das frische Feld,
Im Blütendampfe
Die volle Welt!“

Goethe: Auf dem See

„Und frische Nahrung, neues Blut
Saug ich aus freier Welt;
Wie ist Natur so hold und gut,
die mich am Busen hält!“

Brentano: Sprich aus der Ferne

„Sprich aus der Ferne
Heimliche Welt,
Die sich so gerne
Zu mir gesellt.“

Eichendorff: Aus dem Leben eines Taugenichts

„Wem Gott will rechte Gunst erweisen,
Den schickt er in die weite Welt,
Dem will er seine Wunder weisen
In Berg und Tal und Strom und Feld.“

3 Wesentlicher Baustein von Nietzsches Philosophie ist seine Vorstellung von „Nihilismus“ (lat. *nihil,* „nichts“). Markieren Sie in den folgenden Auszügen aus Nietzsches Schriften die Passagen, bei denen Sie Parallelen zu *Vereinsamt* erkennen, und notieren Sie dazu die entsprechenden Gedichtverse.

A	Was bedeutet Nihilismus? Daß die obersten Werte sich entwerten. Es fehlt das Ziel. Es fehlt die Antwort auf das „Wozu?“
B	Der hier das Wort nimmt, hat […] nichts bisher getan als sich zu *besinnen:* als ein Philosoph und Einsiedler aus Instinkt, der seinen Vorteil im Abseits, im Außerhalb fand; […] als ein Wahrsagevogel-Geist, der *zurückblickt,* wenn er erzählt, was kommen wird. […] Was ich erzähle, ist die Geschichte der nächsten zwei Jahrhunderte. Ich beschreibe, was kommt, was nicht mehr anders kommen kann: die *Heraufkunft des Nihilismus.*
C	Ist nicht gerade die Selbstverkleinerung des Menschen, sein Wille zur Selbstverkleinerung seit Kopernikus[1] in einem unaufhaltsamen Fortschritte? Ach, der Glaube an seine Würde, Einzigkeit, Unersetzlichkeit in der Rangabfolge der Wesen ist dahin – er ist *Tier* geworden, Tier, ohne Gleichnis, Abzug und Vorbehalt, er, der in seinem früheren Glauben beinahe Gott („Kind Gottes“, „Gottmensch“) war … Seit Kopernikus scheint der Mensch auf eine schiefe Ebene geraten – er rollt immer schneller nunmehr aus dem Mittelpunkte weg – wohin? ins Nichts? ins „*durchbohrende* Gefühl seines Nichts“?

Textausschnitte aus: Karl Schlechta (Hrsg.): Friedrich Nietzsche: Werke in drei Bänden. München: Hanser 1954.

Anmerkung

1 Gemeint ist die kopernikanische Wende, die die bisherige Ansicht, die Erde stehe im Zentrum des Universums, durch eine heliozentrische Weltsicht mit der Sonne als Fixpunkt ersetzte. Diese Neuorientierung der Physik führte laut Nietzsche dazu, dass sich der Mensch marginalisiert fühlt: an den Rand gerückt und klein angesichts eines unüberblickbaren Universums.

L → 82

L'art pour l'art: Natur als Farblieferant für die Kunst **M 20**

Die folgenden Strophen eröffnen Stefan Georges *Jahr der Seele* (1897), eine Gedichtsammlung, die nach Jahreszeiten gegliedert ist und deren erster Zyklus den Titel *Nach der Lese* (im Sinne von Weinlese bzw. Ernte) trägt. Das Gedicht führt den Leser in den spätherbstlichen („totgesagten") Park.

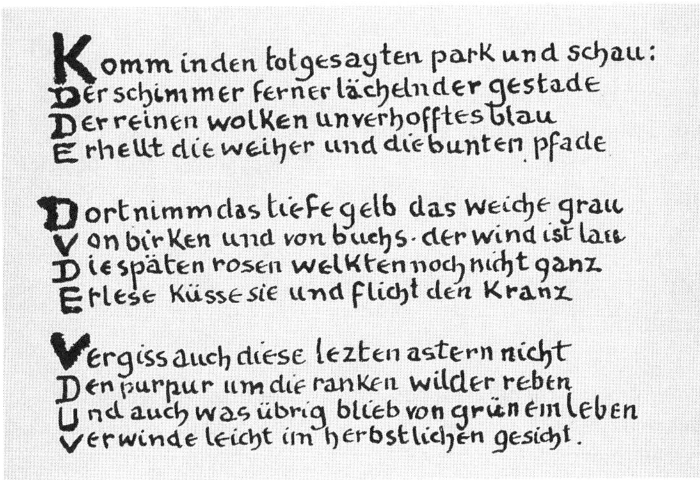
Komm in den totgesagten park und schau:
Der schimmer ferner lächelnder gestade
Der reinen wolken unverhofftes blau
Erhellt die weiher und die bunten pfade.

Dort nimm das tiefe gelb das weiche grau
Von birken und von buchs · der wind ist lau
Die späten rosen welkten noch nicht ganz
Erlese Küsse sie und flicht den Kranz

Vergiss auch diese lezten astern nicht
Den purpur um die ranken wilder reben
Und auch was übrig blieb von grünem leben
Verwinde leicht im herbstlichen gesicht.

George legte größten Wert auf die formale Gestaltung seiner Texte. Diese war gekennzeichnet durch die Kleinschreibung der meisten Substantive und durch eine Zeichensetzung, bei der die Kommata durch hochgestellte Punkte ersetzt wurden.

Anmerkung

V. 2 Gestade: feierlich für „Ufer"

info

Stefan George (1868–1933)

Geboren bei Bingen am Rhein als Sohn eines wohlhabenden Weinhändlers und einer streng katholischen Mutter. Nach dem Abitur unternahm er etliche Reisen in die kulturellen Zentren Europas, u. a. nach Paris, wo er Umgang mit den modernen Dichtern, den sog. Symbolisten, hatte, die sein eigenes Schaffen stark beeinflussten. (Von den französischen Symbolisten übernahm George die Überzeugung, Kunst solle zweckfrei und einzig um ihrer selbst willen da sein – frz. *l'art pour l'art*). Das Studium der Romanistik, Anglistik, Germanistik, Kunstgeschichte und Philosophie brach er ab, um sein Leben ausschließlich der Kunst zu widmen, die er geradezu mit religiösen Zügen ausstattete.
George versammelte einen elitären Kreis von Anhängern um sich, ließ sich von seinen „Jüngern" als „Meister" ansprechen und sah sich in der Rolle eines Verkünders, eines sog. Dichter-Propheten.

1 **a** Im folgenden Infotext zum Park heißt es, das „malerische Prinzip" liege der Gestaltung und Wahrnehmung des Parks zugrunde. Lässt sich dieses „malerische Prinzip" auch in dem Park in Georges Herbstgedicht entdecken? Untersuchen Sie dahingehend auch die sprachlich-stilistische Gestaltung.

b Parks dienen der Freizeitgestaltung und sind konzipiert, darin spazieren zu gehen. Daraus ergibt sich die Frage, wer in Georges „totgesagte[m] [P]ark" womit beschäftigt ist. Untersuchen Sie die Personen- und Kommunikationsstruktur und die Prädikate des Gedichtes.

L → 84

info

Der Park als englischer Garten

Der sog. englische Garten bevorzugt natürlich wirkende Formen und geschwungene Linien: Weitläufige Serpentinen, Rundwege, Ausblicke in die Landschaft, Weiher und Baumgruppen gehören zum Formenrepertoire dieses Parks, der für den in Bewegung befindlichen Besucher konzipiert ist und gewissermaßen immer neue Bilder bereithält: Nicht das architektonische, sondern das malerische Prinzip ist hier der Schlüssel zu Gestaltung und Wahrnehmung des Parks. So arbeiten die Landschaftsgartenkunst wie auch die Landschaftsmalerei beispielsweise mit Hell-Dunkel-Effekten oder spielen mit Perspektiven und Sichtachsen und werden demzufolge in enger Verwandtschaft gesehen.

2 Versuchen Sie, ausgehend von Ihren Ergebnissen, eine poetologische Lesart des Gedichtes. Die folgenden Informationen können Ihnen helfen.

poetologisch: die Theorie des Dichterischen oder Literarischen betreffend, genauer: die Reflexionen über Entstehung, Wesen, Verfahren, Gegenstände, Wirkung und Funktion von Dichtung

Blume: Symbol der Dichtkunst, des Gedichtes und des Dichters; der aus dem Griechischen entlehnte Begriff Anthologie bedeutet wörtlich „**Blütenlese**" und bezeichnet eine Sammlung ausgesuchter Gedichte oder Prosastücke

flechten als Symbol des Dichtens bzw. Textens (von lateinisch *texere* „weben, flechten", von dem sich auch das Wort „Text" ableitet)

3 Welche Rolle spielt in dem Gedicht *Komm in den totgesagten park* die Natur? Überprüfen Sie, ob die folgenden Aussagen zutreffend sind oder nicht:

Aussagen	ja	nein
Der Park, in dem die natürlichen Elemente nach einem strengen Schönheitsplan umgeformt und komponiert sind, kann als Symbol der Kunst verstanden werden.	☐	☐
Im Mittelpunkt steht die genaue Beobachtung der Naturphänomene der herbstlichen Jahreszeit.	☐	☐
Die Natur bildet den Hintergrund für subjektive Erlebnisse und subjektives Empfinden.	☐	☐
Der Park ist Ort eines Rituals.	☐	☐
Die Natur liefert das Material für die künstlerische Praxis.	☐	☐
Die Natur ist Projektionsfläche für Gefühle des lyrischen Ich.	☐	☐
Die Natur ist ein alles durchdringendes organisches Lebenswunder.	☐	☐

L → 84

Ein literarisches Stillleben in Blau

M 21

Rainer Maria Rilke (1875–1926) hat sich zeitlebens intensiv mit bildender Kunst auseinandergesetzt, entwickelte daraus seine Position als Dichter und seine innovative poetische Formensprache. Neben dem Bildhauer Auguste Rodin hat ihn insbesondere der Maler Paul Cézanne inspiriert. Eine 1907 stattfindende Gedächtnisausstellung für den im Jahr zuvor verstorbenen Maler besuchte Rilke fast täglich und schrieb unter diesem Eindruck etliche Briefe über Cézanne an seine Frau Clara.

„Es ließe sich denken, daß jemand eine Monographie [Abhandlung] des Blaus schriebe, von dem dichten, wachsigen Blau der pompejanischen Wandbilder bis zu Chardin [frz. Maler 1699–1779] und weiter bis zu Cézanne: welche Lebensgeschichte! [...] Denn Cézannes sehr eigenes Blau hat diese Abstammung.

Alles ist [...] zu einer Angelegenheit der Farben untereinander geworden: Eine nimmt sich gegen die andere zusammen, betont sich ihr gegenüber, besinnt sich auf sich selbst."

Aus: Rainer Maria Rilke: Briefe über Cézanne. Frankfurt a. M.: Insel 1983.

Rainer Maria Rilke: Blaue Hortensie (1906)

So wie das letzte Grün in Farbentiegeln
sind diese Blätter, trocken, stumpf und rauh,
hinter den Blütendolden, die ein Blau
nicht auf sich tragen, nur von ferne spiegeln.

Sie spiegeln es verweint und ungenau,
als wollten sie es wiederum verlieren,
und wie in alten blauen Briefpapieren
ist Gelb in ihnen, Violett und Grau;

Verwaschnes wie an einer Kinderschürze,
Nichtmehrgetragnes, dem nichts mehr geschieht:
wie fühlt man eines kleinen Lebens Kürze.

Doch plötzlich scheint das Blau sich zu verneuen
in einer von den Dolden, und man sieht
ein rührend Blaues sich vor Grünem freuen.

Aus: Rainer Maria Rilke: Gedichte. Stuttgart: Reclam 1997.

1 Untersuchen Sie die sprachliche Gestaltung der Farben in Rilkes Gedicht. Beziehen Sie in Ihre Überlegungen auch die Ausschnitte aus Rilkes *Briefen über Cézanne* mit ein.

L → 85

info

Sonette

Im 13. Jahrhundert in Italien entwickelte Gedichtform mit Nachbildungen in nahezu allen europäischen Literaturen. In seiner Grundform besteht es aus 14 Verszeilen, die in zwei vierzeilige (= Quartette) und zwei dreizeilige Strophen (= Terzette) eingeteilt sind. Da die strenge Form des Sonetts einen klaren gedanklichen Aufbau erfordert, ist die Thematik der Sonettdichtung begrenzt auf Stoffe, die eine intellektuelle Verarbeitung und gedankliche Objektivierung nahelegen. Innerhalb der deutschen Literatur war das Sonett insbesondere zur Zeit des Barock beliebt. Entsprechend wurden barocke Themen und Motive wie der Vanitas-Gedanke und die Vergänglichkeit alles Irdischen gestaltet.
(Bild: *Jacob Marrell: Vanitas*)

2 Rilke hat seinen Text in der Form eines Sonetts verfasst. Erstellen Sie eine Liste mit Worten und Wendungen des Gedichtes, die eine für diese Gedichtform typische Thematik zum Ausdruck bringen.

3 **a** Bestimmen Sie die Sprechsituation und den Tonfall des Gedichtes.

b Zeigen Sie, wie in der Sprache die Hortensie mit dem Bereich des Menschlichen zusammengeführt wird.

L → 85

Vermenschte Landschaft: Frühling im Expressionismus

M 22

Am Anfang des 20. Jahrhunderts entstanden bemerkenswert viele Gedichte mit dem Titel *Vorfrühling.* Gerade am Beispiel solcher im Grunde motivgleichen Gedichte lässt sich die sprachlich-stilistische Neuartigkeit der expressionistischen Lyrik deutlich erkennen.

Hier finden Sie die jeweils erste und zweite Strophe von drei Gedichten. Sie tragen alle den Titel *Vorfrühling* und stammen von unterschiedlichen Autoren: Hugo von Hofmannsthal (1892), Rainer Maria Rilke (1924), August Stramm (1915).

Bild: Ernst Ludwig Kirchner: Waldschlucht Staffel

1 Ordnen Sie die Strophen in der richtigen Reihenfolge jeweils einem Autor zu.

L → 86

2 Von welchen Naturvorgängen und -phänomenen des Vorfrühlings ist in diesem Auszug aus dem expressionistischen Gedicht von August Stramm die Rede? Benennen Sie diese Naturvorgänge in sachlicher, nicht-poetischer Sprache.

3 Welche Assoziationen verbinden Sie mit der Bildsprache des expressionistischen Gedichtes von August Stramm? Gehen Sie dabei auch auf den Titel ein.

info

Expressionismus (von lat. *expressio* „Ausdruck")

Zunächst von der bildenden Kunst geprägter, dann von der Literatur übernommener Sammelbegriff für vielfältige Strömungen einer neuen „Ausdruckskunst" (1910 bis ca. 1925), die sich radikal von den vorangehenden Stilrichtungen (Naturalismus, Symbolismus etc.) abwendet und mit den überkommenen ästhetischen Formen bricht.

Der Protest der expressionistischen Dichter richtet sich gegen die wilhelminisch geprägte, autoritäre Generation der Väter und deren Werte. Zu der Unzufriedenheit mit der gesellschaftlichen Stagnation kommt das Gefühl, einem immer hektischer werdenden Lebensrhythmus ausgeliefert zu sein: Das von Industrialisierung, Technisierung und anonymer Massenkultur geprägte Leben in der Großstadt führt beim Einzelnen zum Gefühl der Entfremdung und des Identitätsverlustes. In diesem Klima erhoffen die jungen Dichter des Expressionismus den Niedergang des alten Systems und verknüpfen apokalyptische Visionen mit Utopien einer grundlegenden Erneuerung des geistigen und gesellschaftlichen Lebens, ja einer erneuerten Menschheit. Jene Untergangsfantasien realisierten sich auf grausame Weise mit dem Ausbruch des Ersten Weltkrieges 1914.

Die thematischen Schwerpunkte des Ich-Zerfalls und der Orientierungslosigkeit des modernen Menschen, der Großstadt, der Visionen vom Weltende und vom neuen Menschen, der Faszination und der Schrecken des Krieges begegnen immer wieder auch im Zusammenhang mit dem Thema Natur.

Kurt Pinthus ist der Herausgeber der wichtigsten Gedichtsammlung des Expressionismus mit dem Titel *Menschheitsdämmerung* (1920). Im Vorwort zu dieser Anthologie schreibt Pinthus:

> *Weil der Mensch so ganz und gar Ausgangspunkt, Mittelpunkt, Zielpunkt dieser Dichtung ist, deshalb hat die Landschaft wenig Platz in ihr. Die Landschaft wird niemals hingemalt, geschildert, besungen; sondern sie ist ganz vermenscht: sie ist Grauen, Melancholie, Chaos [...].*
>
> *Aus: Kurt Pinthus: Menschheitsdämmerung. Ein Dokument des Expressionismus. 4. Aufl. Hamburg: Rowohlt 1961, S. 29.*

Ernst Ludwig Kirchner: Berge im Winter (links); Mondaufgang auf der Staffelalp (rechts)

L → 86

Zwischen Kirschblüten und Albtraum: Georg Heyms Frühling

M23

Georg Heyms (1887–1912) Gedicht *Printemps* (frz. für „Frühling") entstand im April oder Mai 1911. Zumindest in den ersten Versen entspricht das Sonett der literarischen Tradition eines Frühlingsgedichtes …

Georg Heym: Printemps

Ein Feldweg, der in weißen Bäumen träumt,
In Kirschenblüten, zieht fern über Feld.
Die hellen Zweige, feierlich erhellt,
Zittern im Abend, wo die Wolke säumt,

Ein düstrer Berg[1], den Tag mit goldnem Grat,
Ganz hinten, wo ein kleiner Kirchturm blinkt.
Das Glöckchen sanft im lichten Winde klingt
Herüber goldnen Tons auf grüner Saat.

Ein Ackerer geht groß am Himmelsrand.
Davor, wie Riesen schwarz, der Stiere Paar,
Ein Dämon vor des Himmels tiefer Glut.

Und eine Mühle[2] faßt der Sonne[3] Haar
Und wirbelt ihren Kopf von Hand zu Hand
Auf schwarzen Arm, der langsam sinkt, voll Blut.

Aus: Karl Ludwig Schneider (Hrsg.): Georg Heym: Dichtungen und Schriften. Gesamtausgabe, Bd. 1: Lyrik. Hamburg, München 1964, S. 261.

Anmerkungen

1 Mit „düstrer Berg" ist die Wolke gemeint, die die Sonne bedeckt und von hinten beleuchtet wird.
2 Mühle: bei Heym Sinnbild der Ausweglosigkeit, des unentrinnbaren Kreislaufs
3 Sonne: u. a. Symbol des Lebens, des Göttlichen, der (Selbst-)Erkenntnis

1 Der Gedanke an den Frühling erzeugt für gewöhnlich bestimmte Bilder und Stimmungen. Sammeln Sie in einer Tabelle die Elemente der einzelnen Strophen, die den gängigen Erwartungen von Frühling entsprechen, und diejenigen, die ihnen widersprechen.

2 „Wie in der literarischen Tradition seit der Empfindsamkeit dient die natürliche Welt als Resonanzraum für die seelischen Regungen des menschlichen Individuums, doch sind es jetzt Regungen der Furcht und des Schreckens. Galt die Natur den Dichtern bis dahin überwiegend als ein idyllischer Bezirk der Geborgenheit, so ist sie in Heyms Lyrik einer umfassenden Verstörung ausgesetzt, die bis in kosmische Dimensionen reicht […]. Jene Zwänge, Ängste und Bedrohungen, vor denen im 19. Jahrhundert zumindest die poetisch beschworene Natur noch eine Zuflucht zu bieten schien, haben bei Heym diese Natur gleichsam überwuchert und entstellt. Was früher als idealer Gegenraum zur gesellschaftlichen Sphäre imaginiert werden konnte, erscheint nun als deren alptraumhaft gesteigertes Spiegelbild."

Aus: Ulrich Kittstein: Deutsche Naturlyrik: Ihre Geschichte in Einzelanalysen. Darmstadt: WBG 2009, S. 214 f.

Beziehen Sie die Kernaussagen des Literaturwissenschaftlers Kittstein auf Heyms Gedicht *Printemps.*

L → 87

M 24 Flucht in die Natur: Die naturmagische Schule

Wilhelm Lehmann (1882–1968), ein Repräsentant der sogenannten naturmagischen Schule, steht innerhalb derjenigen Tradition, die die Natur als zeitloses Refugium, als Gegenwelt zu den Zwängen des beengenden Alltags und der modernen Zivilisation begreift.

info

Naturmagische Schule

Die naturmagische Schule entsteht im Kontext der „Neuen Sachlichkeit“, also der seit etwa 1920 spürbaren Gegenbewegung zum Expressionismus, die eine stärkere Hinwendung zur Realität (zur „objektiven“ Wirklichkeit) und eine nüchternere und exaktere Darstellungsweise anstrebt. Die ab etwa 1929 sich herausbildende naturmagische Schule besteht aus einer Gruppe von Schriftstellern (neben Wilhelm Lehmann u. a. Oskar Loerke, Georg Britting und Elisabeth Langgässer), die eine bestimmte Geisteshaltung vertreten: Die Abkehr von der modernen Lebenswelt und dem technischen Fortschritt, von gesellschaftlichen und politischen Konflikten und die Hinwendung zur Natur als verlässliche, zeitlose Seinsordnung kennzeichnen ihr Schaffen. Der zunehmenden Abstraktheit moderner Realitätserfahrung wird die konkrete, sinnliche Naturerfahrung entgegengesetzt, um zum wahren Sein der Dinge zu gelangen. Eine bedeutende Rolle spielt dabei die beschwörende, wirklichkeitssetzende, „magische“ Kraft des dichterischen Wortes. Hierin zeigen sich Ähnlichkeiten mit der Sprach- und Naturauffassung der Romantik. Die Schriftsteller der naturmagischen Schule nahmen schon vor 1933 eine spezifische Geisteshaltung ein, die sie kontinuierlich – ohne wesentlich auf die Zeit der nationalsozialistischen Herrschaft zu reagieren – beibehielten und die die Lyrik bis in die frühen 1960er-Jahre hinein maßgeblich beeinflusste. Die Tendenz, in der Zeitlosigkeit der Natur Trost zu suchen und die politische und gesellschaftliche Realität des 20. Jahrhunderts auszublenden, wurde deshalb auch als Eskapismus (Realitätsflucht) kritisiert.

Wilhelm Lehmann: Mond im Januar

Ich spreche Mond. Da schwebt er,
Glänzt über dem Krähennest.
Einsame Pfütze schaudert
Und hält ihn fest.

Der Wasserhahnenfuß[1] erstarrt,
Der Teich friert zu.
Auf eisiger Vitrine
Gleitet mein Schuh.

Von Bretterwand blitzt Schneckenspur.
Die Sterblichen schlafen schon –
Diana[2] öffnet ihren Schoß
Endymion[2].

Aus: Hans Dieter Schäfer, Agathe Weigel-Lehmann (Hrsg.): Wilhelm Lehmann: Gesammelte Werke in acht Bänden. Bd. 1: Sämtliche Gedichte. Stuttgart: Klett-Cotta 1982.

Anmerkungen

1 Wasserhahnenfuß: weißblühende Wasserpflanze

2 Diana/Endymion: Figuren aus der antiken Mythologie: Die römische Mondgöttin Diana liebt den Hirten Endymion, den sie allnächtlich auf der Erde besucht.

L → 87

1 Die Lyrik der naturmagischen Schule hat den Anspruch, realistisch und magisch zugleich zu sein. Ordnen Sie einzelne Elemente des Gedichtes *Mond im Januar* den beiden Begriffen zu.

2 Lehmanns *Mond im Januar* lässt sich mit der literarischen Tradition der Naturlyrik in Beziehung setzen, zeigt dabei aber auch ganz eigene Züge.
In der folgenden Tabelle finden sich links bedeutsame Auszüge aus zentralen Texten und Naturgedichten. Notieren Sie in der zweiten Spalte die jeweils passenden Verse aus *Mond im Januar* (Mehrfachnennungen sind möglich).

Ordnen Sie der jeweiligen Reihe eine der unten angefügten Erklärungen zu. Vermerken Sie dazu den entsprechenden Großbuchstaben in der letzten Spalte der Tabelle.

Natur-Texte der Tradition	Lehmann	Erklärung
Gott, der Herr, formte aus dem Ackerboden alle Tiere des Feldes und alle Vögel des Himmels und führte sie dem Menschen zu, um zu sehen, wie er sie benennen würde. Und wie der Mensch jedes lebendige Wesen benannte, so sollte es heißen. *(Gen 2,19. Die Bibel. Einheitsübersetzung der Heiligen Schrift © Katholische Bibelanstalt, Stuttgart.)*		
Es war ihr klein Köpfgen grün, Und ihr Cörperchen vergüldet, Ihrer klaren Flügel Par, Wenn die Sonne sie beschien, Färbt' ein Roth fast wie Rubin, *(Brockes: Die kleine Fliege)*		
Es war, als hätt der Himmel Die Erde still geküßt *(Eichendorff: Mondnacht)*		

Erklärungen:

A	Der Text setzt beim einzelnen Gegenstand, bei einem eng begrenzten Naturausschnitt an, der sinnlich-anschaulich vergegenwärtigt wird. Die detailreiche Sorgfalt und Exaktheit der Schilderung soll die Leser zu einem tieferen Verständnis der Natur anleiten.
B	Im Bild der erotischen Annäherung zeigt sich die Vereinigung von kosmischer und irdischer Natur. Während jedoch die Verschmelzung von Himmel und Erde in der romantischen Strophe mithilfe des Konjunktivs in den Bereich des Vorgestellten gerückt wird, wird sie bei Lehmann als Realität behauptet.
C	Der Sprecher verfügt über eine schöpferische Sprache, die die Dinge hervorzurufen vermag und bei der Wort und Ding miteinander verschmelzen. Dies zeigt die magische Kraft des poetischen Wortes.

L → 87

M 25 Naturlyrik in „finsteren Zeiten“

info

Bertolt Brecht (1898–1956)

Der bedeutende Lyriker und Dramatiker, Begründer des „epischen Theaters“, wurde in Augsburg als Sohn des Direktors einer Papierfabrik geboren. Schon als Schüler veröffentlichte er Gedichte mit antibürgerlicher Tendenz, bei Kriegsende war er Anhänger der Revolution und glühender Pazifist. 1924 übersiedelte er nach Berlin, seit 1926 orientierten sich seine Stücke immer mehr an den Ideen und Lehren des Marxismus. Literatur sollte nach Brechts Auffassung eine sozialkritische Wirkung haben und das Bewusstsein verändern.

Nach der Machtergreifung durch die Nationalsozialisten 1933 und dem Reichstagsbrand musste Brecht ins Exil gehen, zunächst nach Dänemark, 1940 nach Schweden und 1941 über Finnland und die UdSSR in die USA. 1947 kehrte er nach Europa zurück, ging 1948 nach Ost-Berlin und gründete dort das „Berliner Ensemble“.

In seinem um die Mitte der 1930er-Jahre im dänischen Exil verfassten Gedicht *An die Nachgeborenen* spricht Bertolt Brecht über die „finsteren Zeiten“, die hereingebrochen sind, als die Nationalsozialisten in Deutschland die Macht erlangten.

Bertolt Brecht: An die Nachgeborenen

Wirklich, ich lebe in finsteren Zeiten!
[...]
Was sind das für Zeiten, wo
Ein Gespräch über Bäume fast ein Verbrechen ist
Weil es ein Schweigen über so viele Untaten einschließt!

Aus: Bertolt Brecht: Werke. Große kommentierte Berliner und Frankfurter Ausgabe, Bd. 12: Gedichte 2: Sammlungen 1938–1956. Frankfurt a. M.: Suhrkamp 1988, S. 85.

In den Schlussversen des Gedichts *Schlechte Zeit für Lyrik* heißt es:

In mir streiten sich
Die Begeisterung über den blühenden Apfelbaum
Und das Entsetzen über die Reden des Anstreichers[1].
Aber nur das zweite
Drängt mich zum Schreibtisch.

Aus: Bertolt Brecht: Werke. Große kommentierte Berliner und Frankfurter Ausgabe, Bd. 14: Gedichte 4: Gedichte und Gedichtfragmente 1928–1939. Frankfurt a. M.: Suhrkamp 1993, S. 432.

Anmerkung

1 Anstreicher: spöttische Bezeichnung für Hitler, der sich um 1910 als Postkartenmaler den Lebensunterhalt verdiente

Erschließen Sie aus den beiden Textauszügen Brechts Haltung zur Naturlyrik während der Zeit des Nationalsozialismus.

L → 88

Ein Naturgedicht Brechts in finsteren Zeiten

M 26

Trotz seiner Absage an ein „Gespräch über Bäume“ verfasste auch Brecht weiterhin Naturgedichte, die jedoch die zeitgeschichtliche Situation in spezifischer Weise in sich aufnahmen.

Das folgende Gedicht entstammt dem Zyklus *Frühling 1938*. Es spiegelt landschaftliche Eindrücke aus der Gegend von Svendborg auf der dänischen Insel Fünen wider, wo der Autor zur Zeit der Entstehung im Exil lebte.

Bertolt Brecht: Frühling 1938

[...]

II.

Über dem Sund[1] hängt Regengewölke, aber den Garten
Vergoldet noch die Sonne. Die Birnbäume
Haben grüne Blätter und noch keine Blüten, die Kirschbäume hingegen
Blüten und noch keine Blätter. Die weißen Dolden
Scheinen aus dürren Ästen zu sprießen.
Über das gekräuselte Sundwasser
Läuft ein kleines Boot mit geflicktem Segel.
In das Gezwitscher der Stare
Mischt sich der ferne Donner
Der manövrierenden Schiffsgeschütze
Des Dritten Reiches.

Aus: Elisabeth Hauptmann (Hrsg.): Bertolt Brecht: Gesammelte Werke in 20 Bänden, Bd. 9: Gedichte 2. Frankfurt a. M.: Suhrkamp 1967, S. 815 f.

Anmerkung

1 Sund: Meerenge

1 Erschließen Sie Aufbau und Inhalt des Gedichtes. Achten Sie dabei besonders auf die Zeilenbrüche.

2 Zeigen Sie am Text, wie Brecht seinen Anspruch umsetzt, Natur nie losgelöst von der politisch-gesellschaftlichen Realität poetisch zu verarbeiten.

L → 88

M 27 In diesem Getto sind Bäume verboten

Wie eine Antwort auf Brechts Wendung gegen ein „Gespräch über Bäume" wirkt auch der Anfang von Jurek Beckers Roman *Jakob der Lügner* (1969), in dem der Erzähler sich an das Leben der Juden im Getto von Lodz erinnert.

Ich höre schon alle sagen, ein Baum, was ist das schon, ein Stamm, Blätter, Wurzeln, Käferchen in der Rinde und eine manierlich ausgebildete Krone, wenn's hochkommt, na und? Ich höre sie sagen, hast du nichts Besseres, woran du denken kannst, damit sich deine Blicke verklären wie die einer hungrigen Ziege, der man ein schönes fettes Grasbüschel zeigt? Oder meinst du vielleicht einen besonderen Baum, einen ganz bestimmten, der, was weiß ich, womöglich einer Schlacht seinen Namen gegeben hat, etwa der Schlacht an der Zirbelkiefer, meinst du so einen? Oder ist an ihm jemand Besonderer aufgehängt worden? Alles falsch, nicht mal aufgehängt? Na gut, es ist zwar ziemlich geistlos, aber wenn es dir solchen Spaß macht, spielen wir dieses alberne Spiel noch ein bißchen weiter, ganz wie du willst. Meinst du am Ende das leise Geräusch, das die Leute Rauschen nennen, wenn der Wind deinen Baum gefunden hat, wenn er sozusagen vom Blatt spielt? Oder die Anzahl an Nutzmetern Holz, die in so einem Stamm steckt? Oder du meinst den berühmten Schatten, den er wirft? Denn sobald von Schatten die Rede ist, denkt jeder seltsamerweise an Bäume, obgleich Häuser oder Hochöfen weit größere Schatten abgeben. Meinst du den Schatten?

Alles falsch, sage ich dann, ihr könnt aufhören zu raten, ihr kommt doch nicht darauf. Ich meine nichts davon, wenn auch der Heizwert nicht zu verachten ist, ich meine ganz einfach einen Baum. Ich habe dafür meine Gründe. Erstens haben Bäume in meinem Leben eine gewisse Rolle gespielt, die möglicherweise von mir überbewertet wird, doch ich empfinde es so. Mit neun Jahren bin ich von einem Baum gefallen, einem Apfelbaum übrigens, und habe mir die linke Hand gebrochen. Alles ist einigermaßen wieder verheilt, doch gibt es ein paar diffizile Bewegungen, die ich seitdem mit den Fingern meiner linken Hand nicht mehr ausführen kann. Ich erwähne das deshalb, weil es als beschlossene Sache gegolten hat, daß ich einmal Geiger werden sollte, aber das ist an und für sich ganz unwichtig. Meine Mutter wollte es zuerst, dann wollte es mein Vater auch, und zum Schluß haben wir es alle drei so gewollt. Also kein Geiger. Ein paar Jahre später, ich war wohl schon siebzehn, habe ich das erstemal in meinem Leben mit einem Mädchen gelegen, unter einem Baum. Diesmal war es eine Buche, gut fünfzehn Meter hoch, das Mädchen hat Esther geheißen, oder nein, Moira, glaube ich, jedenfalls war es eine Buche, und ein Wildschwein hat uns gestört. Kann sein, daß es auch mehrere waren, wir haben keine Zeit gehabt, uns umzudrehen. Und wieder ein paar Jahre später ist meine Frau Chana unter einem Baum erschossen worden. Ich kann nicht sagen, was es diesmal für einer war, ich bin nicht dabeigewesen, man hat es mir nur erzählt, und ich habe vergessen, nach dem Baum zu fragen.

Und jetzt der zweite Grund, warum sich meine Augen verklären, wenn ich an diesen Baum denke, wahrscheinlich oder ganz sicher sogar der wichtigere von beiden. In diesem Ghetto sind Bäume nämlich verboten (Verordnung Nr. 31: „Es ist strengstens untersagt, auf dem Territorium des Gettos Zier- und Nutzpflanzen jedweder Art zu halten. Das gleiche gilt für *Bäume*. Sollten beim Einrichten des Gettos irgendwelche wildwachsenden Pflanzen übersehen worden sein, so sind diese schnellstens zu beseitigen. Zuwiderhandlungen werden ...").

Aus: Jurek Becker: Jakob der Lügner. Frankfurt a. M.: Suhrkamp 2007, S. 7 f.

1 Der Roman setzt mit einer Frage ein – „ein Baum, was ist das schon" –, auf die der erste Teil der Textpassage (Z. 1–22) mehrere Antworten gibt. Fassen Sie die Antworten jeweils in einem knappen Begriff zusammen.

2 Im zweiten Abschnitt (Z. 23–50) erfährt man, dass Bäume im Leben des Erzählers „eine gewisse Rolle gespielt" haben. Fassen Sie diese biografischen Ereignisse zusammen.

3 Markieren Sie im ganzen Text diejenigen Passagen, bei denen das Zeitgeschehen, die Verfolgung und Ermordung der europäischen Juden, mit dem Motiv der Bäume verknüpft wird. Stellen Sie Überlegungen darüber an, weshalb in den von den Nationalsozialisten geschaffenen Gettos Zier- und Nutzpflanzen sowie Bäume verboten waren.

L → 89

Günter Eich – Botschaften der Natur? M 28

Günter Eich (1907–1972) war als junger Dichter von der naturmagischen Richtung beeinflusst, die u. a. auch von Wilhelm Lehmann repräsentiert worden war. Obwohl die Lyrik nach der Art der naturmagischen Schule in Westdeutschland gerade nach dem Krieg ihre Hochkonjunktur erlebte, zeigten Günter Eichs Gedichte, die er nach dem Krieg veröffentlichte, eine veränderte, distanziertere Haltung.

Das folgende Gedicht leitet die 1955 erschienene Sammlung *Botschaften des Regens* ein.

Günter Eich: Ende eines Sommers

Wer möchte leben ohne den Trost der Bäume!

Wie gut, daß sie am Sterben teilhaben!
Die Pfirsiche sind geerntet, die Pflaumen färben sich,
während unter dem Brückenbogen die Zeit rauscht.

Dem Vogelzug vertraue ich meine Verzweiflung an.
Er mißt seinen Teil von Ewigkeit gelassen ab.
Seine Strecken
werden sichtbar im Blattwerk als dunkler Zwang,
die Bewegung der Flügel färbt die Früchte.

Es heißt Geduld haben.
Bald wird die Vogelschrift entsiegelt,
unter der Zunge ist der Pfennig zu schmecken.[1]

Aus: Axel Vieregg (Hrsg.): Günter Eich: Gesammelte Werke in vier Bänden, Bd. 1: Die Gedichte. Die Maulwürfe. Frankfurt a. M.: Suhrkamp 1991.

Anmerkung

1 unter der Zunge … schmecken: Nach antiker Vorstellung musste man für die Überquerung des Totenflusses dem Fährmann Charon das Fährgeld entrichten. Dazu legte man den Toten vor der Bestattung eine Münze unter die Zunge.

Erschließen Sie das Gedicht unter folgenden Gesichtspunkten:

1 a Beschreiben Sie den Standpunkt und die Blickrichtung des Sprechers sowie die zeitliche Situation.

b Ergründen Sie seine innere, psychische Verfassung.

2 Erstellen Sie nun, ausgehend von dem Gedichttext, eine Liste: Welche Naturdinge spenden dem Sprecher Trost? Wie wirkt dieser Trost?

3 a Formulieren Sie eine Deutung der letzten Verse des Gedichtes: „Bald wird die Vogelschrift entsiegelt, / unter der Zunge ist der Pfennig zu schmecken.“ (V. 11 f.)

b Wilhelm Lehmann hatte 1940 ein Gedicht mit dem Titel *Signatur* veröffentlicht, dessen letzte Strophe auch die „Vogelschrift“ anspricht.

> Die Vogelkreatur,
> Kann ich sie hören, sehn,
> Brauch ich nicht mehr zu flehn
> Um meine Signatur.
>
> *Aus: Hans Dieter Schäfer, Agathe Weigel-Lehmann (Hrsg.): Wilhelm Lehmann: Gesammelte Werke in acht Bänden, Bd. 1: Sämtliche Gedichte. Stuttgart: Klett-Cotta 1982.*

Vergleichen Sie die Haltung des Sprechers in dieser Strophe mit der in den entsprechenden Versen bei Eich.

L → 89

M 29 Schläft ein Lied in den Dingen der Natur?

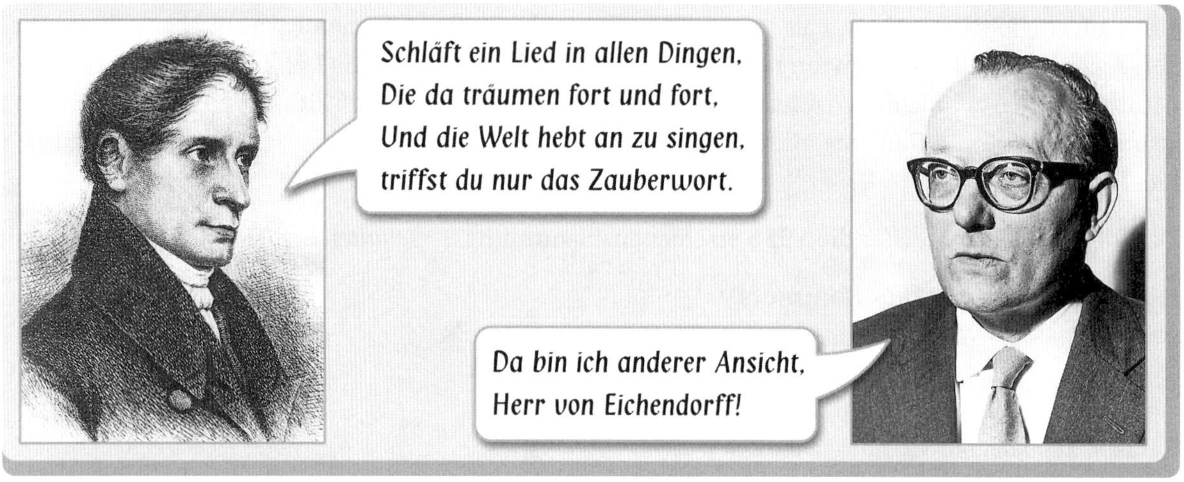

Eichendorffs Sprechblase zitiert sein Gedicht *Wünschelrute* von 1835.

Die naturmagische Schule hatte von der Romantik das Konzept einer Sprache der Natur übernommen, die sich von selbst dem Dichter offenbart. Günter Eich stellt dieses Konzept in dem folgenden Gedicht infrage.

Günter Eich: Die Häherfeder (1946)

Ich bin, wo der Eichelhäher
zwischen den Zweigen streicht,
einem Geheimnis näher,
das nicht ins Bewußtsein reicht.

Es preßt mir Herz und Lunge,
nimmt jäh mir den Atem fort,
es liegt mir auf der Zunge,
doch gibt es dafür kein Wort.

Ich weiß nicht, welches der Dinge
oder ob es der Wind enthält.
Das Rauschen der Vogelschwinge,
begreift es den Sinn der Welt?

Der Häher warf seine blaue
Feder in den Sand.
Sie liegt wie eine schlaue
Antwort in meiner Hand.

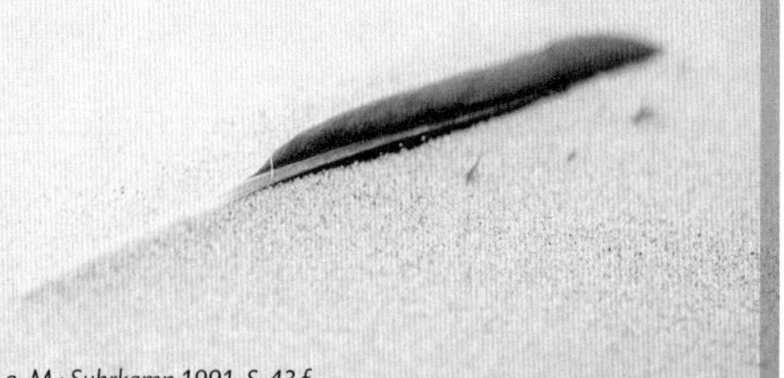

Aus: Günter Eich: Gesammelte Werke, Bd. 1: Die Gedichte. Frankfurt a. M.: Suhrkamp 1991, S. 43 f.

1 Nähern Sie sich der Bedeutung der Metapher „blaue Häherfeder". Sammeln und ordnen Sie Ihre Ideen dazu in einer Mind-Map, bei der Sie von den drei Bestandteilen der Wendung ausgehen.

2 Formulieren Sie das Gedicht Günter Eichs in einen Brief des Autors an den Dichter Joseph von Eichendorff um. In diesem Brief artikuliert Eich sein Unbehagen und seine Skepsis gegenüber der Auffassung Eichendorffs und der Romantik, die Natur habe eine eigene Sprache.

L → 90

„Ich kann in keinem Weg mehr einen Weg sehen“ – Ingeborg Bachmann M 30

info

Ingeborg Bachmann

Geboren 1926 in Klagenfurt, erlebte sie als Elfjährige den Einmarsch von Hitlers Truppen in ihre Geburtsstadt. Das Studium (1945–1950) der Philosophie, Psychologie und Germanistik schloss sie mit einer Dissertation über die Existenzphilosophie Martin Heideggers ab. Nach einer kurzen Tätigkeit als Hörfunkredakteurin lebte sie als freie Schriftstellerin, seit 1953 meist in Rom. Für ihre Texte wurde sie mit vielen bedeutenden Preisen ausgezeichnet, beispielsweise 1953 mit dem Preis der Gruppe 47 und 1964 mit dem Georg-Büchner-Preis. Sie starb am 17. Oktober 1973 in Rom. Als Inschrift auf ihrem Grabstein ist ein berühmter Satz aus einer ihrer Preisreden (1959) zu lesen: „Die Wahrheit ist dem Menschen zumutbar.“

In einem Interview (1971) äußerte sich Ingeborg Bachmann:
„Es hat einen bestimmten Moment gegeben, der hat meine Kindheit zertrümmert. Der Einmarsch von Hitlers Truppen in Klagenfurt. Es war so etwas Entsetzliches, daß mit diesem Tag meine Erinnerung anfängt: Durch einen zu frühen Schmerz, wie ich ihn in dieser Stärke vielleicht überhaupt nicht mehr hatte … Diese ungeheuerliche Brutalität, die spürbar war, dieses Brüllen, Singen und Marschieren – das Aufkommen meiner ersten Todesangst.“ *Zitiert nach: Bernd Lutz (Hrsg.): Metzler Autoren Lexikon. 2. Aufl. Stuttgart: J. B. Metzler 1994, S. 38.*

Ein um 1952 entstandenes Gedicht von Ingeborg Bachmann trägt den Titel *Entfremdung.* Dieser Begriff kann als Leitmotiv für ihr ganzes Werk angesehen werden.

Ingeborg Bachmann: Entfremdung

In den Bäumen kann ich keine Bäume mehr sehen.
Die Äste haben nicht die Blätter, die sie in den Wind halten.
Die Früchte sind süß, aber ohne Liebe.
Sie sättigen nicht einmal.
Was soll nur werden?
Vor meinen Augen flieht der Wald,
vor meinem Ohr schließen die Vögel den Mund,
für mich wird keine Wiese zum Bett.
Ich bin satt vor der Zeit
und hungre nach ihr.
Was soll nur werden?

Auf den Bergen werden nachts die Feuer brennen.
Soll ich mich aufmachen, mich allem wieder nähern?

Ich kann in keinem Weg mehr einen Weg sehen.

Aus: Christine Koschel (Hrsg.): Ingeborg Bachmann: Werke, Bd. 1: Gedichte, Hörspiele, Libretti, Übersetzungen. 5. Aufl. München: Piper 1998, S. 13.

L → 90

1 Formulieren Sie die mit einer Leerzeile versehenen Verse um. Wenden Sie dabei die Aussage des jeweiligen Satzes ins Gegenteil. Finden Sie abschließend einen Titel für die positive Variante.

2 Ingeborg Bachmann bettet ihr Gedicht in ein weit gespanntes Netz von Bezügen zur literarischen Tradition. Ordnen Sie den folgenden Textauszügen die entsprechenden Verse aus Bachmanns Gedicht *Entfremdung* zu:

a Legende zu dem Heiligen Franz von Assisi (1181/82–1226)

„Als er sich Bevagna näherte, kam er zu einem Orte, an dem eine große Menge von Vögeln verschiedener Art zusammengekommen war: als der Heilige Gottes dieselben sah, lief er eilig dahin und begrüßte sie [...]. Sie aber alle erwarteten ihn und wandten sich zu ihm, so daß die, welche auf den Gesträuchen waren, die Köpfchen senkten, als er sich ihnen näherte, und in ungewohnter Weise sich nach ihm hinrichteten, bis er zu ihnen heranschritt und sie alle eifrig ermahnte, das Wort Gottes zu hören [...]."

Zitiert nach: Henry Thode: Franz von Assisi und die Anfänge der Kunst der Renaissance in Italien. 2., verb. Aufl. Berlin: Grote 1904, S. 139.

b Walther von der Vogelweide
(ca. 1170 bis ca. 1230; bedeutendster deutschsprachiger Lyriker des Mittelalters)

Unter der Linden
an der heide
dâ unser zweier bette was,
[...]

Zitiert nach: Karl Pörnbacher (Hrsg.): Gedichtbuch. Berlin: Cornelsen 1987, S. 8.

c Altes Testament, Hohes Lied Salomos

„Wie ein Apfelbaum unter den Bäumen des Waldes, so ist mein Geliebter inmitten der Söhne; ich habe mich mit Wonne in seinen Schatten gesetzt, und seine Frucht ist meinem Gaumen süß." (Hld 2,3)

Aus: Elberfelder Bibel. © SCM R. Brockhaus 2008.

3 Wie wirkt Bachmanns Technik, literarische Vorbilder zu zitieren, im Zusammenhang mit ihrer Naturwahrnehmung? Diskutieren Sie.

L → 90

„Die Erde will keinen Rauchpilz tragen“ M 31

Das folgende, 1957 veröffentlichte Gedicht steht im zeitgeschichtlichen Kontext der atomaren Aufrüstung während der Zeit des Kalten Krieges.

Ingeborg Bachmann: Freies Geleit

Mit schlaftrunkenen Vögeln
und winddurchschossenen Bäumen
steht der Tag auf, und das Meer
leert einen schäumenden Becher auf ihn.

Die Flüsse wallen ans große Wasser,
und das Land legt Liebesversprechen
der reinen Luft in den Mund
mit frischen Blumen.

Die Erde will keinen Rauchpilz tragen,
kein Geschöpf ausspeien vorm Himmel,
mit Regen und Zornesblitzen abschaffen
die unerhörten Stimmen des Verderbens.

Mit uns will sie die bunten Brüder
und grauen Schwestern erwachen sehn,
den König Fisch, die Hoheit Nachtigall
und den Feuerfürsten Salamander[1].

Für uns pflanzt sie Korallen ins Meer.
Wäldern befiehlt sie, Ruhe zu halten,
dem Marmor, die schöne Ader zu schwellen,
noch einmal dem Tau, über die Asche zu gehn.

Die Erde will ein freies Geleit ins All
jeden Tag aus der Nacht haben,
daß noch tausend und ein Morgen wird
von der alten Schönheit jungen Gnaden.

Aus: Christine Koschel (Hrsg.): Ingeborg Bachmann: Werke, Bd 1: Gedichte, Hörspiele, Libretti, Übersetzungen. 2. Aufl. München: Piper 1982, S. 161.

Anmerkung

1 Salamander: ein zu den Amphibien zählender Schwanzlurch, der nach mythologischen Vorstellungen auch im Feuer leben kann

info

- 6./9. August 1945: Atombombenabwurf der USA auf Hiroshima und Nagasaki
- 29. August 1949: Zündung der ersten sowjetischen Atombombe
- 1. November 1952: Zündung der ersten Wasserstoffbombe durch die USA
- 1945 bis heute: ca. 1 000 Kernwaffenversuche
- bis zum Verbot 1963: auch oberirdische Tests, davon etliche in der Atmosphäre

1 Gliedern Sie das Gedicht in Sinnabschnitte, fassen Sie den Inhalt jedes Sinnabschnitts zusammen und benennen Sie die Grundstimmung. Begründen Sie Ihre Einteilung auch im Blick auf sprachliche Besonderheiten.

L → 91

2 „Freies Geleit“ ist ein Begriff aus der Rechtssprache. Gemeint ist damit die Garantie der Bewegungsfreiheit und Unverletzlichkeit. Entwerfen Sie, basierend auf dem Gedicht von Ingeborg Bachmann, ein Antragspapier der Erde mit ihren Forderungen an die Menschheit.

Die Erde fordert von den Menschen:	Dafür bietet die Erde den Menschen:
• ______	• ______
______	______
• ______	• ______
______	______
• ______	• ______
______	______

3 Untersuchen Sie die Darstellung der Erde beziehungsweise der Natur. Orientieren Sie sich dabei an der Einteilung in Sinnabschnitte.

4 Entwickeln Sie zu dem folgenden Gedicht von Hans Magnus Enzensberger eine Deutung, die es erlaubt, die *Nänie auf den Apfel* als Fortsetzung zu Bachmanns *Freies Geleit* zu lesen.

Hans Magnus Enzensberger: Nänie[1] auf den Apfel (1964)

Hier lag der Apfel
Hier stand der Tisch
Das war das Haus
Das war die Stadt
Hier ruht das Land.

Dieser Apfel dort
ist die Erde
ein schönes Gestirn
auf dem es Äpfel gab
und Esser von Äpfeln.

Aus: Hans Magnus Enzensberger: Die Gedichte. Frankfurt a. M.: Suhrkamp 1983.

Anmerkung

1 Nänie [lat. *nenia, naenia*]: Totenklage in der römischen Antike

L → 91

Enzensberger: *das ende der eulen* – das Ende der Natur M 32

Das Zeitgedicht *das ende der eulen* von Hans Magnus Enzensberger (* 1929) kündet von der Angst vor der Zerstörung der Natur durch den militärischen „Ernstfall“ im Schatten des Kalten Krieges. Obwohl 1960 erschienen, wirken manche der dargestellten Katastrophen – so etwa das Abschmelzen der Gletscher – erstaunlich aktuell.

Hans Magnus Enzensberger: das ende der eulen

ich spreche von euerm nicht,
ich spreche vom ende der eulen,
ich spreche von butt und wal,
in ihrem dunkeln haus,
dem siebenfältigen meer,
von den gletschern,
sie werden kalben zu früh,
rab und taube, gefiederten zeugen,
von allem was lebt in den lüften
und wäldern, und den flechten im kies,
vom weglosen selbst, und vom grauen moor
und leeren gebirgen:

auf radarschirmen leuchtend
zum letzten mal, ausgewertet
auf meldetischen, von antennen
tödlich befingert floridas sümpfe
und das sibirische eis, tier
und schilf und schiefer erwürgt
von warnketten, umzingelt
vom letzten manöver, arglos
unter schwebenden feuerglocken,
im ticken des ernstfalls.

wir sind schon vergessen.
sorgt euch nicht um die waisen,
aus dem sinn schlagt euch
die mündelsichern[1] gefühle,
den ruhm, die rostfreien psalmen.
ich spreche nicht mehr von euch,
planern der spurlosen tat,
und von mir nicht, und keinem.
ich spreche von dem was nicht spricht,
von den sprachlosen zeugen,
von ottern und robben,
von den alten eulen der erde.

Aus: Hans Magnus Enzensberger: landessprache. gedichte. Frankfurt a. M.: Suhrkamp 1969.

Anmerkung

1 mündelsicher: Bezeichnung für Geldanlagen, die als besonders sicher eingestuft sind

Projekt: Gedichtvortrag

Die Anapher „ich spreche“ (V. 1–3), mit der das Gedicht einsetzt und die den Text leitmotivisch strukturiert, legt nahe, diesem „Warngedicht“ Enzensbergers in einem gesprochenen Vortrag Ausdruck zu verleihen und „dem was nicht spricht“ (V. 31) eine Stimme zu geben.

1 Bestimmen Sie die Sprechersituation in dem Gedicht.

2 Erarbeiten Sie in Kleingruppen einen Vortrag des Gedichts. Teilen Sie das Lesen der Verse untereinander auf, schöpfen Sie dabei alle Möglichkeiten aus (Verse können von einem Sprecher oder von mehreren im Chor gelesen werden). Erstellen Sie eine Tonaufnahme Ihrer Version.

Mögliche Aspekte zur Verteilung der Stimmen können sein:

- Bedeutungsfelder: Verse, in denen vom Menschen die Rede ist – Verse, in denen von der Natur die Rede ist – Verse, in denen von Technik die Rede ist
- Klanggestaltung: Verse, die von dunklen Vokalen dominiert sind (a-o-u) – Verse, die von hellen Vokalen dominiert sind (i-e-ä)

L → 92

M 33 Sehnsucht nach fremden Flüssen und Städten – Naturlyrik in der DDR

info

Sarah Kirsch (1935–2013)

Kirsch verbrachte ihre Jugend in Halberstadt im Harz. Entsprechend ihrem Interesse für Natur begann sie nach der Schule eine Forstarbeiterlehre und studierte von 1954 bis 1958 in Halle Biologie, später dann am Literaturinstitut in Leipzig (1963–1965). 1960 veröffentlichte sie erste Gedichte und lebte ab 1965 als freischaffende Künstlerin wieder in Halle an der Saale. 1967 erschien ihr erster eigenständiger Gedichtband, 1969 zog sie nach Ostberlin, wo sie als Journalistin, Hörfunkmitarbeiterin und Übersetzerin tätig war. 1976 unterschrieb sie als eine der Ersten den Brief, in dem DDR-Künstler die Parteiführung baten, die Ausweisung des Liedermachers und Dichters Wolf Biermann zu überdenken. Daraufhin wurde sie aus der SED und dem Schriftstellerverband der DDR ausgeschlossen und von der Stasi überwacht. 1977 wurde ihr Ausreiseantrag genehmigt, Kirsch zog nach Westberlin und nutzte die Reisefreiheit, die ihr als DDR-Bürgerin verwehrt war, für Reisen u. a. in die USA, nach Frankreich und Island. Ab 1983 lebte sie in Schleswig-Holstein auf dem Land.

Im Werk der Lyrikerin Sarah Kirsch nehmen Naturmotive eine zentrale Rolle ein. Bei der folgenden Version des Gedichtes *Schöner See Wasseraug* (1967) fehlt die Verseinteilung der Originalfassung.

Sarah Kirsch: Schöner See Wasseraug

schöner See Wasseraug ich lieg dir am Rand spähe durch Gras und Wimpern, du läßt mir Fische springen ihr Bauchsilber sprüht in der schrägen Sonne die Krähe mit sehr gewölbten Schwungfedern geht über dich hin, deine Ufer wähltest du inmitten heimischer Bäume Kiefern und Laubwald Weiden und Birken rahmen dich, kunstvolle Fassung deines geschuppten Glases, aber am nächsten Morgen

ist die Sonne in Tücher gewickelt und fern das andere Ufer verschwimmt, seine Hänge sanft abfallende Palmenhaine erreichen dich, du einem langsamen Flußarm ähnlich birgst Krokodile und lederne Schlangen seltsame Vögel mit roten Federn fliegen dir quellwärts, ich komm zur Hütte rufe mein weißgesichtiges Äffchen und will in dir die bunten Röcke waschen

wenn der Rücken mir schmerzt wenn die Sonne ganz aufgekommen ist liegt der See in anderer Landschaft er weiß alle jetzt hat er das Ufer der Marne ein Stahlbrückchen eckige Häuser Büsche mein schöner Bruder holt mich im Kahn Fischsuppe zu essen er singt das Lied vom See der zum Fluß wurde aus Sehnsucht nach fremden Flüssen und Städten

Aus: Sarah Kirsch: Werke in fünf Bänden, Bd. 1: Gedichte 1. Stuttgart: DVA 1999.

1 Markieren Sie die Stellen im Text, an denen Sie jeweils einen Versumbruch vermuten. Vergleichen Sie Ihre Fassung anschließend mit der Originalversion.

L → 93

Sarah Kirsch: Schöner See Wasseraug

Schöner See Wasseraug ich lieg dir am Rand
Spähe durch Gras und Wimpern, du
Läßt mir Fische springen ihr Bauchsilber
Sprüht in der schrägen Sonne die Krähe
Mit sehr gewölbten Schwungfedern
Geht über dich hin, deine Ufer
Wähltest du inmitten heimischer Bäume
Kiefern und Laubwald Weiden und Birken
Rahmen dich, kunstvolle Fassung
Deines geschuppten Glases, aber am nächsten Morgen

Ist die Sonne in Tücher gewickelt und fern
Das andere Ufer verschwimmt, seine Hänge
Sanft abfallende Palmenhaine
Erreichen dich, du
Einem langsamen Flußarm ähnlich
Birgst Krokodile und lederne Schlangen
Seltsame Vögel mit roten Federn
Fliegen dir quellwärts, ich komm zur Hütte
Rufe mein weißgesichtiges Äffchen und will
In dir die bunten Röcke waschen
Wenn der Rücken mir schmerzt
Wenn die Sonne ganz aufgekommen ist
Liegt der See in anderer Landschaft
Er weiß alle jetzt hat er das Ufer der Marne
Ein Stahlbrückchen eckige Häuser Büsche
Mein schöner Bruder holt mich im Kahn
Fischsuppe zu essen er singt das Lied
Vom See der zum Fluß wurde
Aus Sehnsucht nach fremden Flüssen und Städten

Aus: Sarah Kirsch: Werke in fünf Bänden, Bd. 1: Gedichte 1. Stuttgart: DVA 1999.

2 Erschließen Sie das Gedicht. Lassen Sie sich dabei von folgenden Fragen leiten:

a Wie ist die Sprecherin dargestellt? Was tut sie?

b Wie ist der See dargestellt? Wie seine Umgebung? Was „tut" der See? Welche Tiere sind ihm zugeordnet?

c Wie ist das Verhältnis der Sprecherin zum See dargestellt?

3 Diskutieren Sie, welche Aspekte der Biografie Sarah Kirschs sich in dem Gedicht *Schöner See Wasseraug* widerspiegeln könnten.

4 Der folgende Text gibt einen Überblick über die Natur- und Landschaftsthematik in Kirschs Lyrik.

Bereits Kirschs erster selbständiger Lyrikband, der 1967 unter dem Titel *Landaufenthalt* erschien, zeigt nicht nur die Dominanz des Themen- und Motivkreises Natur, sondern auch die Vielfalt seiner Erscheinungsformen bei dieser Autorin. So bietet das Gedicht *Dann werden wir kein Feuer brauchen* die Utopie eines künftigen paradiesischen Zustands, der Mensch und Natur harmonisch vereint, während in *Süß langt der Sommer ins Fenster* die Natur als friedlicher Gegenbezirk zur mörderischen Welt der Menschengeschichte beschworen wird. Das Gedicht *Landaufenthalt,* das dem Band seinen Namen gegeben hat, entwirft die Natur gleichfalls als Gegensphäre, diesmal in Abgrenzung von der „Betonstadt"; in *Breughel-Bild* wirkt die winterliche von Krähenschwärmen bevölkerte Landschaft dagegen eher bedrohlich und unheimlich. Indes kann die Natur auch lesbare Zeichen formen und dem Ich aufrüttelnde politische Botschaften vermitteln, wie es in *Bäume lesen* geschieht [...]. Wieder andere Gedichte bringen die Natur mit Liebesleid (*Der Himmel schuppt sich*) und Liebessehnsucht (*Wenn er in den Krieg muß*) in Verbindung, und in *Ich bin so sanft* dient sie schließlich als Metapher für das innere Wesen des Ich und als Identifikationsangebot für den Menschen. Es gibt, wie man sieht, kaum eine aus der literarischen Tradition vertraute Ausprägung der Gattung Naturlyrik, die Sarah Kirsch nicht aufnimmt und weiterführt.

Aus: Ulrich Kittstein: Deutsche Naturlyrik: Ihre Geschichte in Einzelanalysen. Darmstadt: WBG 2009.

Erarbeiten Sie auf der Grundlage des Textes eine Liste mit den Erscheinungsformen des Themen- und Motivkreises Natur. Ergänzen Sie die Liste ausgehend von Ihrem Wissen zur Naturlyrik.

L → 93

M 34 Die Einsamkeit der Seegurke

Die Seegurke gehört, wie etwa auch Seestern und Seeigel, zu der seit 500 Millionen Jahren existierenden Gruppe der Stachelhäuter. Seegurken gibt es in allen Meeren und Ozeanen, so auch in der Tiefsee, dem völlig lichtlosen Bereich des Meeres unterhalb einer Tiefe von 800 Metern.

Heinrich Detering: Seegurke

kann man einsamer sein als die Seegurke

auf dem fahl schlammgrauen Boden der Tiefsee
so bleich im Licht der Roboterkamera

in dieser Kälte der Todesstille in
Finsternis von Ewigkeit zu Ewigkeit

Und dann für zwanzig Sekunden nackt und bloß
Unsern nichtsahnenden Augen ausgesetzt

Aus: Heinrich Detering: Wundertiere. Gedichte. Göttingen: Wallstein 2015.

Anmerkung

Heinrich Detering (*1959) lehrt als Professor Literaturwissenschaft an der Universität Göttingen. Das Gedicht findet sich in dem 2015 erschienenen Gedichtband *Wundertiere.*

1 Erschließen Sie das Gedicht im Hinblick auf gedankliche Struktur und Inhalt sowie auf die sprachliche Gestaltung.

2 Verfassen Sie, ausgehend von Deterings Gedicht *Seegurke*, einen Essay zu der Frage „Wie verändert sich im Wandel der Zeit der poetische Blick des Menschen auf die Natur?“. Beziehen Sie sich dabei auf Ihnen bekannte Naturgedichte.

info

Essay

Unter einem „Essay“ versteht man einen kürzeren, stilistisch anspruchsvollen Prosatext zu Themen aus verschiedenen geistig-kulturellen und gesellschaftlichen Bereichen, die betont subjektiv und locker behandelt werden. Die Darstellung ist nicht streng-objektiv und wissenschaftlich, sondern vielmehr assoziativ und oft sprunghaft in der Gedankenführung. Der Gegenstand wird variationsartig umkreist, verschiedene Denkmöglichkeiten werden durchgespielt. Ein Essay bleibt gedanklich oft unabgeschlossen und überlässt die Wahrheitsfindung dem Leser.

L → 94

Klausur 1:
Gedichtvergleich

Die folgenden Naturgedichte stammen von dem (vor allem für seine Dramen bekannten) Schriftsteller Friedrich Hebbel (1813–1863). *Sommerbild* entstand an einem Augusttag des Jahres 1844, *Herbstbild* im Oktober 1852.

Friedrich Hebbel: Sommerbild

Ich sah des Sommers letzte Rose stehn,
Sie war, als ob sie bluten könne, rot;
Da sprach ich schauernd im Vorübergehn:
So weit im Leben, ist zu nah am Tod!

Es regte sich kein Hauch am heißen Tag,
Nur leise strich ein weißer Schmetterling;
Doch, ob[1] auch kaum die Luft sein Flügelschlag
Bewegte, sie empfand es und verging.

Anmerkung
1 ob im Sinne von obgleich, wenngleich

Friedrich Hebbel: Herbstbild

Dies ist ein Herbsttag, wie ich keinen sah!
Die Luft ist still, als atmete man kaum,
Und dennoch fallen raschelnd, fern und nah,
Die schönsten Früchte ab von jedem Baum.

O stört sie nicht, die Feier der Natur!
Dies ist die Lese[1], die sie selber hält,
Denn heute löst sich von den Zweigen nur,
Was vor dem milden Strahl der Sonne fällt.

Aus: Friedrich Hebbel: Gedichte. Stuttgart: Reclam 1977.

Anmerkung
1 Lese: Ernte (vgl. „Weinlese“)

- Erschließen und interpretieren Sie das Gedicht *Sommerbild.*
- Erschließen und interpretieren Sie vergleichend das Gedicht *Herbstbild.*

L → 96

Schritt 1 Aufgabenstellung klären/erstes Textverständnis entwickeln (1. Teilaufgabe)

1 Machen Sie sich mit der Aufgabenstellung vertraut: Formulieren Sie mit eigenen Worten, was von Ihnen in den beiden Teilaufgaben erwartet wird und welche Arbeitsschritte Sie dafür vornehmen müssen.
Notieren Sie sich die Aspekte, auf die Sie bei der Interpretation eines Gedichts achten sollten.

2 Verschaffen Sie sich einen ersten Eindruck: Betrachten Sie die Titelangaben und das Erscheinungsjahr sowie die äußere Struktur der Gedichte.
- Was wissen Sie über die Entstehungszeit der Gedichte?
- Welche äußere Form haben die beiden Texte im Ganzen?
- Welche Erwartungen haben Sie an die Gedichte aufgrund des jeweiligen Titels?

3 Lesen Sie nun das erste Gedicht und halten Sie Ihr erstes Textverständnis sowie die Wirkung des Gedichts auf Sie fest.
- In welcher Verfassung befindet sich das lyrische Ich?
- Welche Wirkung wird durch das Gedicht erzeugt? Gibt es einen Stimmungswechsel oder wird in allen Strophen die gleiche Wirkung vermittelt?
- Worum geht es in dem Gedicht? Welche Themen und Motive sind auffällig?

Schritt 2 Gedankengang gliedern und Inhalt erfassen (1. Teilaufgabe)

4 Lesen Sie den Text noch einmal konzentriert mit Blick auf die Aufgabenstellung und erarbeiten Sie ihn durch Markierungen und Randbemerkungen.
- Markieren Sie im Gedicht gedankliche Abschnitte. Stimmen diese mit den Strophengrenzen überein oder weichen sie davon ab?
  Fassen Sie den Inhalt der Strophen am Rand mit wenigen Worten zusammen.
- Überlegen Sie, welche der folgenden Deutungshypothesen auf das Gedicht zutreffen. Belegen Sie Ihre Einschätzung am Text.
  1 Der Sommer hilft dem lyrischen Ich, Tod und Vergänglichkeit zu vergessen.
  2 Die letzte blühende Rose erinnert das lyrische Ich an seine verlorene Geliebte.
  3 Angesichts des bevorstehenden Herbsts und der Vergänglichkeit des Lebens findet das lyrische Ich Trost in Gott.
  4 In der herbstlichen Natur erkennt das lyrische Ich die Endlichkeit allen Lebens.
  Textstellen:
  ____

L → 96

Schritt 3 Form und Sprache analysieren und deuten (1. Teilaufgabe)

5 Machen Sie sich Notizen zu formalen Aspekten und deren Wirkung in Bezug auf den Inhalt.
- Wie viele Strophen hat das Gedicht? Wie viele Verse hat eine Strophe?
- Welches Reimschema liegt vor?
- Welchen Rhythmus hat das Gedicht? Gibt es ein durchgehendes Metrum?
- Steht die Form des Gedichts im Einklang mit seinem Inhalt? Finden sich z. B. Entsprechungen zwischen Versmaß und geschildertem Inhalt?

6 Untersuchen Sie die Sprache und deren Wirkung im Gedicht.
- Beachten Sie den Einsatz von Antithesen und deren Funktion für die Aussage.
- Nennen und deuten Sie auffällige Bilder.
- Gibt es klangliche Besonderheiten (Alliterationen, Assonanzen)?

Denken Sie daran, Ihre Analyseergebnisse immer auch am Text zu belegen!

Schritt 4 Den Vergleich vorbereiten (2. Teilaufgabe)

7 Erstellen Sie eine tabellarische Übersicht mit den wichtigsten Interpretationsergebnissen aus Teilaufgabe 1, sodass Sie gesicherte Vergleichsaspekte für die Untersuchung des zweiten Gedichts entwickeln können.

8 Betrachten Sie das zweite Hebbel-Gedicht unter den Aspekten, die Sie auch für das erste Gedicht berücksichtigt haben. Notieren Sie Ihre Untersuchungsergebnisse in der Tabelle.
Überlegen Sie, wie Sie Ihre Vergleichsergebnisse strukturiert darstellen können. Sie können entweder die einzelnen Aspekte durchgehen oder Gemeinsamkeiten und Unterschiede jeweils kumuliert präsentieren.

Schritt 5 Einleitung und Schluss vorbereiten

9 Ihre Darstellung sollte mit einem Einleitungssatz zu dem ersten Hebbel-Gedicht beginnen. Sie können einleitend auch entweder eine zentrale Gemeinsamkeit oder einen auffälligen Unterschied erwähnen.
Es ist wichtig, dass die Ergebnisse Ihres Vergleichs nicht lediglich nacheinander abgehandelt werden. Am Schluss sollten Sie deshalb diese Ergebnisse bewerten. Dabei sollte das Verhältnis der Textaussagen zueinander dargestellt werden. Ihr abschließendes Fazit kann auch Ihre persönliche Haltung zu den Gedichten beinhalten.

Schritt 6 Den Aufsatz verfassen

10 Erstellen Sie auf der Grundlage der Vorarbeiten einen Schreibplan.

11 Schreiben Sie nun Ihren Aufsatz.

L → 96

Klausur 2:
Gedichtinterpretation

Das Gedicht von Bertolt Brecht mit dem Titel *Über das Frühjahr* entstand im Jahr 1928, in einer Schaffensphase, während der sich der Autor zunehmend der sozialen und politischen Realität seiner Zeit zuwandte. Es ging ihm darum, die neue Art des gesellschaftlichen Zusammenlebens in der industrialisierten Massengesellschaft poetisch zu erfassen.

Bertolt Brecht: Über das Frühjahr

Lange bevor
Wir uns stürzten auf Erdöl, Eisen und Ammoniak[1]
Gab es in jedem Jahr
Die Zeit der unaufhaltsam und heftig grünenden Bäume.
Wir alle erinnern uns
Verlängerter Tage
Helleren Himmels
Änderung der Luft
Des gewiß kommenden Frühjahrs.
Noch lesen wir in Büchern
Von dieser gefeierten Jahreszeit
Und doch sind schon lange
Nicht mehr gesichtet worden über unseren Städten
Die berühmten Schwärme der Vögel.
Am ehesten noch sitzend in Eisenbahnen
Fällt dem Volk[2] das Frühjahr auf.
Die Ebenen zeigen es
In alter Deutlichkeit.
In großer Höhe freilich
Scheinen Stürme zu gehen:
Sie berühren nur mehr
Unsere Antennen.[3]

Aus: Bertolt Brecht: Werke. Große kommentierte Berliner und Frankfurter Ausgabe, Bd.14: Gedichte 4: Gedichte und Gedichtfragmente 1928–1939. Frankfurt a. M.: Suhrkamp 1993, S. 7.

Anmerkungen

1 Ammoniak: giftiges Gas mit beißendem Geruch, das meist zu Düngemitteln weiterverarbeitet wird

2 Volk: die breite Masse des Volkes, die täglich mit der Eisenbahn zu den Arbeitsstätten fährt

3 Antennen: möglicherweise Radioantennen. Die Höhe des 1922/23 errichteten Sendemasts der ersten deutschen Rundfunkstation nahe Berlin betrug mehr als 200 m. Brecht selbst setzte sich in mehreren Aufsätzen zwischen 1927 und 1932 viel mit dem (Massen-)Medium Rundfunk und seinen Nutzungsmöglichkeiten auseinander.

- Erschließen und interpretieren Sie das Gedicht *Über das Frühjahr* von Bertolt Brecht.
- Diskutieren Sie die Aktualität des Gedichtes aus heutiger Sicht.

L → 101

Lösungsvorschläge

Wie im Paradies – Natur als Topos

M 1 Lösung

1 C 2 B 3 D 4 A

Fliegenlyrik – Durch die Natur zu Gott

M 2 Lösung

1 a und b

- V. 1–3: vergnügtes Beobachten (**E**)
- V. 4–7: Bewunderung der Kunstfertigkeit (**D**)
- V. 8–14: mikroskopisch detaillierte Beschreibung der Färbung der Fliege (**F**)
- V. 15–25: bewundernde Ausrufe über Glanz der Farben und Feinheit der „Mechanik“ (**A**)
- V. 26–38: Aufzeigen des Weges der Beweisführung: vom forschenden Ansehen der sichtbaren Materie zur Erkenntnis der göttlichen Schöpferkraft und Ordnung (**C**)
- V. 39–41: bestätigende Schlusswendung zur Leistung der kleinen Fliege (**B**)

2

Natur	Fliege	Gott
• „bildet“ (V. 7) die Dinge • Anthropomorphisierung, d. h. Vermenschlichung („Finger“, V. 5) • bewundernswerte Leistungen (Adjektive: „verwunderlich“, V. 4; „künstlich“, V. 21; „[w]underbar“, V. 25; „wunderbarlich-schön“, V. 28)	• Objekt des Vergnügens (vgl. V. 1, 20, 40) • Objekt der naturwissenschaftlichen Betrachtung • geleitet Sprecher zur Erkenntnis der Gottheit (vgl. V. 41) • verdient dafür persönliche Achtung und Anerkennung (persönliche Anrede, vgl. V. 39–41)	• über- bzw. außerweltlicher Gott („dahin/Aufgezogen [=hinaufgezogen] und geführet“, V. 33 f.) • Ursprung der „Pracht“ der Welt (vgl. V. 32, 36) • „erschafft“ und „erhält“ die Herrlichkeit der Schöpfung (vgl. V. 37 f.) • Als „[l]iebster GOtt“ angesprochener persönlicher Gott (V. 15)

Nachtgedanken – Klopstock

M 3 Lösung

1

	Gegenwart	WAS? (Tätigkeit)	Vergangenheit
WER? (Personenkonstellation)	lyrisches Ich		lyrisches Ich mit Freunden
WANN? (genaue Zeitangaben)	Sommernacht (Mondaufgang)	Naturbetrachtung	erwachender Frühling (bei Tagesanbruch und nachts)
WO? (genaue Ortsbezeichnung)	Gräber der Freunde Friedhof		Hügel
WIRKUNG? (ausgelöste Empfindungen)	Trauer, Verlust, Erinnerung	↔	Glück in der Gemeinschaft der Freunde

2 • Wortwiederholungen
„Schöner“ (V. 2) – „Schöner“ (V. 6)
„Nacht“ (V. 2) – „Sommernacht“ (V. 6) – „Nacht“ (V. 12)
„Sehet“ (V. 4) – „Sahe“ (V. 12)
• „Unterschwellige Beziehungen“
Wortfeld *Kommen/Bleiben/Vergehen:*
„Willkommen“ (V. 1) – „Du entfliehst? Eile nicht, bleib“ (V. 3) – „er bleibt, [...] wallte nur hin“ (V. 4) – „er kömmt“ (V. 8)
Wortfeld *Freundschaft:*
„Gefährt“ (V. 2) – „Gedankenfreund“ (V. 3) – „mit euch“ (V. 11)
Wortfeld *Farben:*
„silberner“ (V. 1) – „hell wie Licht“ (V. 7) – „schimmern“ (V. 12)
„rötlich“ (V. 8) – „sich röten“ (V. 12)
Weitere Korrespondenzen:
„Gräber“ (Titel) – „Hügel“ (V. 8) – „Male“ (V. 10)
„erns[t]“ (V. 10) – „glücklich“ (V. 11)
„Tag“ – „Nacht“ (V. 12)

3 Darstellung der Naturphänomene
Strophe 1: Der Mond
- Personifizierung in Willkommensgruß, Du-Anrede als Gefährte und „Gedankenfreund“ → Natur nicht als Anschauungsobjekt (Brockes), sondern: Mond als Dialogpartner in einer Sphäre der Vertrautheit; Präsenz des Mondes kontrastiert mit Abwesenheit der toten Freunde
- Personifizierung des dynamischen Naturbildes des kurz hinter Wolken verschwindenden Mondes als Willensentscheidung des Mondes, zu bleiben oder zu gehen → psychologische Ebene: Verlustängste des Sprechers
- Adjektive: silbern, schön, still → positive Gefühlswerte; „schöne Natur“

Strophe 2: Der Mai
- Personifizierung als Naturallegorese; Mai in der Gestalt eines Jünglings, der erwacht und den Hügel herauf kommt, mit Locken → Tau, der aus Pflanzen und Gräsern perlt
- im Unterschied zur ersten Strophe nicht dialogisch angelegt, sondern reflektierend-erinnernde Haltung des Sprechers
- Adjektive: schöner, hell, rötlich → wie in der ersten Strophe: positive Gefühlswerte; „schöne Natur“

Strophe 3: Das Moos
→ einzig wirklich präsente, lebendige Natur
- es „bewächst“ die Grabmale → Altern, Vergangenheit, Vergessenwerden; linear fortschreitender Prozess im Gegensatz zu Mond und Frühling, die im Kreislauf der Natur immer wiederkehren
- Natur löst in lyrischem Ich schmerzliches Bewusstsein der Vergänglichkeit aus
- Adjektiv: ernst → den Gräbern angemessen würdevoll; kontrastiert mit Adjektiven in Strophe 1 und 2

M 4 „Jeder spricht sich nur selbst aus, indem er von der Natur spricht“ (Goethe)

Lösung

1 **Johann Wolfgang von Goethe: Maifest**

Wie herrlich leuchtet
Mir die Natur!
Wie glänzt die Sonne!
Wie lacht die Flur!

Es dringen Blüten
Aus jedem Zweig
Und tausend Stimmen
Aus dem Gesträuch

Und Freud und Wonne
Aus jeder Brust.
O Erd', o Sonne!
O Glück, o Lust!

Natur

O Lieb', o Liebe!
So golden schön,
Wie Morgenwolken
Auf jenen Höhn!

Du segnest herrlich
Das frische Feld,
Im Blütendampfe
Die volle Welt.

Liebe als alles durchdringende Kraft

O Mädchen, Mädchen,
Wie lieb' ich dich!
Wie blinkt dein Auge!
Wie liebst du mich!

So liebt die Lerche
Gesang und Luft,
Und Morgenblumen
Den Himmelsduft,

geliebtes Mädchen

Wie ich dich liebe
Mit warmem Blut,
Die du mir Jugend
Und Freud' und Mut

Zu neuen Liedern
Und Tänzen gibst.
Sei ewig glücklich,
Wie du mich liebst.

Dichter-Ich und dessen Schaffenskraft

2 a Begeisterung des Sprechers und Unmittelbarkeit von Naturerleben und lyrischem Sprechen

- Kurzzeilen mit Reim des jeweils zweiten und vierten Verses (Ausnahme „Wonne" – „Sonne", Strophe 3)
- vor allem im ersten Teil des Gedichts (Strophe 1–6): Ausrufe, häufig anaphorisch mit „wie" eingeleitet; Interjektionen („o")
- Parallelismen, Ellipsen (meist Aussparung des Verbs); Wechsel von kurzen Sätzen mit längeren Satzkonstruktionen, die sich über Verse und teilweise über Strophen ausdehnen (Strophenenjambements), z. B. V. 5–10: Das „Herausdringen" der Natur in ihrer Fülle spiegelt sich in der Syntax wider
- lexikalisch schlichter, selbstverständlich wirkender Wortschatz aus der Alltagssprache, oft in einfacher Reihung; Redundanz von Gefühlswörtern: „Freud und Wonne" (V. 9), „O Glück, o Lust" (V. 12), „Freud' und Mut" (V. 32); Wortwiederholungen, z. B. „Liebe"/ „lieben" (vgl. V. 13, 22, 24, 25, 29, 36), „herrlich" (V. 1, 17)
  → Eindruck, Wahrnehmung und Wiedergabe des Erlebens seien unmittelbar

b Natur

- Darstellung der „Natur" (V. 2) als allen Raum (Himmel/Erde – oben/unten) und alle Arten von Leben umfassende Ganzheit, in diesem Sinne als „volle Welt" (V. 20) → Pantheismus:
  - „Sonne" (V. 3, 11): Gestirn, das alles Leben ermöglicht, genauer zu bestimmen als die den Neubeginn symbolisierende Morgensonne („Morgenwolken" [V. 15], „Morgenblumen" [V. 27]); Wolken „[a]uf jenen Höhn" (V. 16)
  - „Erd'" (V. 11), „die Flur" (V. 4) und „[d]as frische Feld" (V. 18) als Nährboden
  - Pflanzen: blühende Zweige (vgl. V. 5 f.) und „Gesträuch" (V. 8), duftende Blumen (vgl. V. 18 f. und 27 f.)
  - Tiere: Vogelstimmen (vgl. V. 7), wieder aufgegriffen in der „Gesang" liebenden „Lerche" (V. 25 f.)
  - auch der Mensch als Teil der Natur: „Freud und Wonne" am Naturempfinden dringen „[a]us jeder Brust" (V. 9 f.)
- Neologismen, mit denen der Sprecher seine neu erlangte Schaffenskraft unter Beweis stellt → Geniegedanke: „Morgenwolken" (V. 15), „Blütendampfe" (V. 19), „Morgenblumen" (V. 27), „Himmelsduft" (V. 28)
- religiös konnotierter Wortschatz → Pantheismus: Natur als von der Liebe gesegnet (vgl. V. 17); Lerche, die singend in die Lüfte steigt (vgl. V. 25 f.), um Gott zu loben; „Himmelsduft" (V. 28); „ewig" (V. 35)
- Ansprechen aller Sinne → Ganzheitlichkeit der Naturwahrnehmung → Pantheismus:
  - Leuchten und Glänzen der Natur (vgl. Strophe 1), „golden schön[e]" Wolken (V. 14)
  - vielstimmiger Vogelgesang, gesteigert in „tausend Stimmen" (V. 7, vgl. auch V. 25 f.)
  - Blütenduft (vgl. V. 5, 27 f.), zum „Blütendampfe" intensiviert (V. 19), Frische des Feldes (vgl. V. 18)

c Verschmelzung von Natur und Liebe

- parallele Reihung von Substantiven der Natur („O Erd', o Sonne", V. 11) und des dadurch ausgelösten Glücksempfindens („O Glück, o Lust", V. 12) und der Liebe („O Lieb', o Liebe", V. 13), verknüpft durch „O"-Interjektionen
- So-wie-Vergleiche: V. 14–16, 25–29
- Bildkorrelation des Mädchens mit dem blinkenden Auge (vgl. V. 23) mit der leuchtenden Natur (vgl. V. 1 f.)
- von zentraler Bedeutung ist die 5. Strophe als symmetrische Mitte des Gedichts: Liebe als allem innewohnende, gleichsam göttliche Kraft („segnen", vgl. V. 17)

3 Mögliche Lesart von Goethes Gedicht *Maifest als* „Liebeslied eines Egoisten"

Tatsache ist, dass sowohl Pracht und Fülle der Natur wie auch die Liebe des Mädchens auf das Sprecher-Ich zulaufen, in der sprachlichen Gestaltung erkennbar an dem rhythmisch hervorgehobenen Dativpronomen „[m]ir" (V. 2) in exponierter Versanfangsposition, in Analogie dazu das blinkende Auge, das das Mädchen auf den Sprecher richtet (vgl. V. 23).

- In einem je zweimal wiederholten „Ich liebe dich" (vgl. V. 22, 29) – „Du liebst mich" (vgl. V. 24, 36) wird die Liebesbeziehung sprachlich zunächst wechselseitig inszeniert. Wiederum an den – rhythmisch stark betonten – Personalpronomina erkennbar, bleibt die Rolle der Gebenden dabei ausschließlich dem Mädchen, die des Nehmenden dagegen dem Sprecher vorbehalten: „Die du mir [...] gibst" (V. 31–34).
- Die Bedeutung des Mädchens beschränkt sich letztlich darauf, den Dichter „[z]u neuen Liedern/ [u]nd Tänzen" zu ermutigen (V. 33 f.). Solange sie der Aufgabe nachkommt, den Sprecher zu neuer Dichtung zu inspirieren, soll ihr diese Art der Liebesbeziehung ewiges Glück bescheren (vgl. V. 35 f.).

M 5 Mutter Natur und die Reife des Subjekts

Lösung

1 *Hier liegt der Gedanke zugrunde, dass den Schülern vor allem dann ein persönlicher Zugang zu dem Gedicht möglich ist, wenn sie darin ästhetisch gestaltete Erlebnisse wahrnehmen, die mit ihren eigenen Erfahrungen vergleichbar sind.*

Es bietet sich an, im Anschluss an die Besprechung der Schülervorschläge auf den autobiografischen Kontext zu verweisen:

Den Hintergrund zu Goethes Aufbruch in die Schweiz im Mai 1775 bildete seine Verbindung mit Lili Schönemann, einer Frankfurter Bankierstochter. Die Reise war der Versuch des nach Selbstverwirklichung strebenden Schriftstellers, sich von der wohlhabenden und standesbewussten Verlobten und ihrem großbürgerlichen Umfeld zu lösen, da er sich durch die gesellschaftlichen Zwänge und die unterschiedlichen Lebensauffassungen eingeengt und sich selbst entfremdet fühlte.

2 Metrum und Rhythmus mit Bezug zum Inhalt

(Die Beschreibung des Rhythmus kann je nach Lesart und Interpretation des Textes variieren.)

a) Metrum	b) Rhythmus	c) Bezug zum Inhalt
Jamben V. 1, 3, 5, 7: vierhebig V. 2, 4, 6, 8: dreihebig durchgehend männliche Kadenzen	regelmäßig, wiegend, beschwingt	Grundstimmung von Morgenfrische und Freiheit: wiegende Wellenbewegung mit Rudertakt im Einklang
Trochäen; vierhebig V. 9, 10: weibliche Kadenz V. 11, 12: männliche Kadenz	V. 9, 10: verlangsamt, zögernd, stockend, irritiert fragend V. 11, 12: entschlossen, energisch befehlend	V. 9, 10: Verunsicherung durch die wiederkehrenden Träume V. 11, 12: Verscheuchen des Traumes; Vergewisserung, dass es auch im Hier und Jetzt Liebe und Leben gibt
dreihebig V. 13, 15, 17, 19: Trochäen V. 14, 16, 18, 20: Trochäen mit Variation des mittleren Taktes zum Daktylus V. 13–17, 19: weibliche Kadenz V. 18, 20: männliche Kadenz	leicht, schwebend, weich einziges Reimpaar mit männlicher Kadenz: schwerer betont	weites Landschaftspanorama („Ferne“): Sonnenreflexe auf dem Wasser, verglichen mit „schwebende[n]“ Sternen; in „[w]eiche Nebel“ gehüllte Berge; Morgenwind; Betonung der „reifende[n] Frucht“ als Zielpunkt des Gedichts

3 a

Sprachlich-stilistische Gestaltung		Verhältnis Sprecher – Natur
1. Strophe Adjektive – Bildlichkeit	Adjektivgruppe „frisch“, „neu“ (vgl. V. 1), „frei“ (vgl. V. 2) in Bezug auf „Nahrung“ und „Blut“ des Sprechers einerseits (V. 1) und die „Welt“ andererseits	belebende, erfrischende Wirkung der Natur auf den Sprecher; organische Verbindung zwischen Ich und Welt
	Anthropomorphisierung der Natur durch Zuschreibung der Eigenschaften „hold und gut“ (V. 3)	Natur als gütige, nährende Mutter, Ich als Kind
	„Saugen“ des Sprechers (vgl. V. 2), von der Natur „am Busen“ (V. 4) gehalten und gewiegt (vgl. V. 5)	distanzlose Geborgenheit, reines Wohlbefinden ohne Reflexion
Blickrichtung des Sprechers – Bewegung im Raum/Adverbien	Blickrichtung des Sprechers „himmelan“ (V. 7), entsprechend zu der als „hinauf“ (V. 6) empfundenen Fortbewegungsrichtung des Kahnes; Dynamisierung der Berge im Verb „[b]egegnen“ (V. 8), dadurch vermeintliche Bewegung aufeinander zu	subjektive Wahrnehmung eines begrenzten Naturausschnitts

Sprachlich-stilistische Gestaltung		Verhältnis Sprecher – Natur
2. Strophe angesprochenes Du	durch Wiederholung und Possessivpronomen besonders betonte Anrede „mein Aug“ (V. 9)	
Blickrichtung des Sprechers/Adverbien der Richtung und des Ortes	Sinken des Blicks, Adverb „nieder“ (V. 9) als gegenläufige Bewegung zu „hinauf“ und „himmelan“ aus Strophe 1	Abwendung von der Natur hin zum eigenen Selbst und zum eigenen Inneren
Sprechhaltung	vorwurfsvolle Anrede der „Träume“ (V. 10), der Erinnerungen, die aus dem Inneren bzw. aus der Vergangenheit kommen	
Satzarten	Fragesätze als Ausdruck von Verunsicherung und Irritation: Sprecher scheint dem Blick nach innen und dem Aufkommen der Erinnerung passiv ausgeliefert	Abbrechen des symbiotischen Mutter-Kind-Verhältnisses
Sprechhaltung	V. 11/12 energisches Verscheuchen des Traums mit dem Befehl „Weg“ (V. 11) als deutliche Willensgeste, dem antithetisch ein „Hier“ (V. 12) zugeordnet wird (Anfangsposition im Vers): Bekenntnis zur Gegenwart und zur neuen Erscheinungsform von „Lieb und Leben“ in der gegenwärtigen Natur	erneute Hinwendung zur Natur aus eigener Entschlusskraft
3. Strophe Blickrichtung des Sprechers	Blick des Sprechers hebt sich von der Wasseroberfläche zum Panorama („[r]ings“) einer unbestimmten „Ferne“ (V. 16), geht zielgerichtet auf „[d]ie […] Bucht“ (V. 18), fokussiert schließlich die „reifende Frucht“ (V. 20)	erneute Hinwendung des lyrischen Ich zur Natur aber: neues Verhältnis
Erscheinen des lyrischen Ich in der Sprache	Fehlen der Pronomina in der 1. Person → lyrisches Ich tritt sprachlich nicht mehr in Erscheinung	distanzierter, klarer Blick statt Einheit Mutter–Kind
Verben/Verbformen	regelmäßige, in der jeweiligen Versposition parallele Anordnung der Verben: je einem Verb im Ind. Präs. ist eine Partizipform zugeordnet: blinken/schwebend (V. 13/14), trinken/türmend (V. 15/16), umflügelt/beschattet (V. 17/18), bespiegelt/reifend (V. 19/20)	stattdessen: sprachliche Verschmelzung des lyrischen Ich mit der Natur: neue Art der Einheit
Anordnung des Raumes/Adverbien – Art der Naturelemente und jeweilige Zuordnung	analog zur Anordnung der Verben: jeweils zwei Naturelemente einander zugeordnet: V. 13/14: auf der Wasseroberfläche (Wiederaufnahme der „Welle“ aus Strophe 1) sich brechende Strahlen der Morgensonne sehen aus wie Sterne → Vereinigung Kosmos – Wasser, oben – unten, Tag – Nacht V. 15/16: „Weiche Nebel“ (vgl. Wolken Strophe 1) umgeben die sich auftürmenden Berge (vgl. Strophe 1) → harter Kontrast wird gemildert V. 17/18: „Wellen“ (V. 5, 13) verursachender „Morgenwind“ der „beschatteten Bucht“ zugeordnet → Licht (vgl. V. 13/14) durch Schatten, Wasser durch Land vervollständigt	geordnete Natur Ordnung
Wiederaufnahme von Motiven – Symbolik	V. 19/20: „Und im See“: Wiederaufnahme des Gedichttitels bzw. der Eröffnungskonjunktion (V. 1) verweist auf End- und Höhepunkt des Gedichts, das Symbol der sich im See spiegelnden Frucht; Wiederaufnahme des Motivs der Reflexion aus V. 13/14; ungewöhnliche Verbform „bespiegelt/[s]ich“ mit starker Betonung des Reflexivpronomens (Enjambement) → hohes Maß an Selbstbewusstheit; Partizip Präsens „reifen[d]“ → in die Zukunft weisender Prozess mit dem Ziel, „Reife“ zu erlangen	nach den Prinzipien der Einheit und Ganzheit, der Ausgeglichenheit und des Aufhebens von Gegensätzen Akt des Sich-Bespiegelns deutet auf ein Bewusstwerden des eigenen Selbst hin symbolische Darstellung von Reflexion, Selbstbewusstheit und Prozess der Reifung → übertragbar auf das lyrische Subjekt

b Das Thema des Gedichts ist der Reifungsprozess des lyrischen Ich in seinem sich verändernden Verhältnis zu Natur und Welt. Die in drei Schritten sich vollziehende Entwicklung geht aus von einem vorbewussten Stadium symbiotischer Verschmelzung. Diese ursprüngliche Einheit wird durch Reflexion und Erinnerung zerstört. In einem Willensakt überwindet das Subjekt diese Phase selbstbezogener Innerlichkeit und gelangt zur neuen Bewusstseinsstufe eines klaren, differenzierten Verhältnisses zur Natur und damit zu sich selbst. Reflexion ist nun nicht mehr explizit und verstörend, sondern den Naturbildern inhärent: Die Wasseroberfläche reflektiert die Strahlen der Morgensonne, die reifende Frucht spiegelt sich gleichsam selbstbewusst im See. Das Subjekt spricht sich nicht mehr aus, in neuer (sprachlicher) Einheit und Vertrautheit mit der Natur richtet es den Blick voll gelassener Zuversicht auf künftige Reife im Sinne eines gelingenden Lebens.
Die gängige poetologische Lesart des Gedichts könnte für die Schüler gerade im Blick auf die ästhetisch beeindruckende Machart der dritten Strophe nachvollziehbar sein, mit der der Dichter eine Kostprobe der in Zukunft zu erwartenden Reife seiner kreativen Schaffenskraft gibt.
Ebenso lässt sich in dem Gedicht der Wandel poetischer Naturwahrnehmung und -darstellung sehen, genauer der Wandel von der enthusiastischen Verschmelzung von Ich, Natur und Liebe in der Lyrik des Sturm und Drang *(Maifest)* hin zur symbolhaften, „reifen" Darstellungsweise der Klassik.
Eine entwicklungspsychologische Lesart, nach der es in dem Gedicht um das Heranreifen des Kindes zum jungen Erwachsenen geht, ist den Schülern wohl am Nächsten.

M 6 Meteorologische Studie und Dankgedicht an das Leben

Lösung

1 Das Gedicht lässt sich auf oder um den 8. 9. datieren (vgl. Goethe-Handbuch, S. 495).
Beim Formulieren des Wetterberichts können die Schüler mit dem üblichen verkürzenden Vokabular arbeiten, so z. B.: Morgens einzelne Nebelfelder; im weiteren Tagesverlauf zunächst Wolken, später Sonne; Wind aus östlicher Richtung; am Abend klar etc.
Aus dem Schema fallen der religiös anmutende Dank des Sprechers an die Sonne/Natur (V. 9 f.) und damit im Zusammenhang der Seelenzustand des „sehnlichsten Erwarten[s]" (V. 3) und der „[r]eine[n] Brust" (V. 10).

2 Zur Deutung des Gedichts als Bild eines Lebenslaufs:
Strophe 1: Die jugendliche Erwartung, die Stimmung des Beginns am Morgen des Lebens, zeigt sich am – auch erotisch konnotierten – Vokabular, z. B. „Schleier" (vgl. V. 2), „sich enthüllen" (V. 2), „sehnlichste[s] Erwarten" (V. 3), „Blumenkelche" (V. 4).
Strophe 2: Im Zentrum steht das dynamisch-aktive Erwachsenen-Leben, das sich um Klarheit bemüht – vgl. hier besonders die Verben aus dem Wortfeld Kampf/Tätigsein: „tragend" (V. 5), „streitet" (V. 6), „verjagend" (V. 7), „bereitet" (V. 8).
Strophe 3: Der Lebensabend gewährt den (Rück-)Blick auf die Welt und ein gelungenes Leben, mit „[r]einer Brust" (V. 10), also gelassen und mit sich selbst im Reinen. Der alte Mensch richtet seinen Dank an die Sonne/die Natur bzw. an das Leben; die Zukunft (Futur-Form des Verbs „[w]ird [...] vergolden", V. 11 f.) wird vorweggenommen: Im Scheiden (das sich auf die Sonne, aber auch auf den Sprecher bezieht) findet er vollkommene („[r]ings", V. 12) Erfüllung.

3 Tatsächlich sind die beiden Gedichte *Dem aufgehenden Vollmonde!* (von Goethe selbst auf den 25. August datiert) und *Dornburg, September 1828* „als sich ergänzende Gegenstücke konzipiert" (Goethe-Handbuch, S. 498 f.).

M 7 Der Traum von Arkadien – Hölderlin: An die Natur

Lösung

1 Das Gedicht zeigt einen klaren zweiteiligen Aufbau:
Teil I: Strophe 1–6: Erinnerung des lyrischen Ich an die vergangene (Zeitstufe: Präteritum), als Kindheit und Jugend identifizierbare Zeit. Die damals erfahrene Verbundenheit des Sprechers mit der Natur wird von jenem als Glück und Erfüllung empfunden.
Teil II: Strophe 7–8: Trauer und Klage über das Ende der Jugend und den desillusionierenden Zustand der Gegenwart (Zeitstufe: Präsens). Einsamkeit und Entfremdung begreift der Sprecher als Tod der Natur.

2 **Teil I: Erinnerung an Kindheit und Jugend in Verbundenheit mit der Natur: Strophe 1–6**

1. **Der Sprecher im Stadium der Kindheit: Strophe 1–2**
   - Kindlichkeit des Sprechers: Verb „spielen" (vgl. V. 1); zärtliche Anhänglichkeit (vgl. V. 2–4); Staunen angesichts der Natur (vgl. V. 5 f.)
   - Gefühl der (familiären) Geborgenheit → Verb „umfangen" (vgl. V. 4, 16); Sterne als „Brüder" (V. 11) des Herzens

- Suche nach Orientierung in der Hinwendung zur als verständnisvoll wahrgenommenen Sonne (vgl. V. 9)
- Selbstdarstellung des Sprechers in Naturbildern: Selbstvergleich mit einer Blüte (vgl. V. 2), die sich der Sonne zuwendet (vgl. V. 9)
- in der ersten Strophe unkonkrete, weiblich-mütterlich konnotierte Natur („Schleier", V. 1), die zweite Strophe eröffnet zum einen die Dimension des Himmels („Sonne", V. 9; „Sterne", V. 11), schafft zum anderen eine unspezifische Atmosphäre des Frühlings (vgl. V. 12) mit einem den „Hain" bewegenden „Hauc[h]" (V. 13)
- demgegenüber: etliche abstrakte Begriffe wie „Glauben", „Sehnen" (V. 5), „Geist der Freude" (V. 14); am wichtigsten ist die „Liebe" (V. 8)
- religiöses Vokabular: Sprecher steht reich an Glauben und voll Verehrung vor dem Bild der Natur wie vor einem Götterbild (vgl. V. 5 f.), nennt den Frühling „Gottes Melodie" (V. 12)
- Kommunikationsstruktur: starke Hinwendung des Sprechers an die als Adressatin (Titel!) angesprochene Natur → vielfache Verwendung der Personalpronomen in der ersten („ich", V. 1, 5 – „mein", V. 4, 7, 8, 9 – „mich", V. 16) und zweiten Person („du", V. 6 – „dein", V. 1, 3, 6, 14 – „dir", V. 2)

2. **Der Sprecher in den einzelnen Entwicklungsstufen des Jugendalters**

   a erwachende Sexualität: Strophe 3
   - trotz kindlicher Züge („spielte" V. 19) ist das lyrische Ich verbunden mit der Natur: Sprecher bedarf „trunken" (V. 22) der Kühlung (vgl. V. 17), „Trinken" des Atems (vgl. V. 22), vereinigende Bewegung des „Niedersinkens" der Wolke (vgl. V. 23 f.)
   - Natur als *locus amoenus*: Tal, Quelle (vgl. V. 17), Schatten spendende blühende Sträucher (vgl. V. 18–21), eine Grotte bildende Felswände (vgl. V. 19)
   - Sprecher und Natur bilden gleichermaßen Objekt und Mittelpunkt sinnlich erfahrener Fülle; Sprecher „von Blüten übergossen" (V. 21), Wolke „von Licht und Glanz umflossen" (V. 23)
   - Jugendlichkeit des Sprechers sprachlich mit der Natur verbunden: „der jugendlichen Sträuche Grün" (V. 18)

   b Hinausziehen in die Welt: Strophe 4
   - „fern" (V. 25), aktive Bewegung des „Wallens" (vgl. V. 25) in abenteuerlich-bedrohlicher Atmosphäre eines ausgedehnten Aktionsradius
   - Wandlung der Natur vom frühlingshaft-lieblichen hin zu einem zunehmend rauen, energiegeladenen Charakter: jugendlich grüne Sträucher (vgl. V. 18) → „nackt[e] Heide" (V. 25); „still[e] Felsenwände" (V. 19) → „Geklüfte" (V. 26); Quelle (vgl. V. 17) → „Ströme" (V. 27); „Hauche" (V. 13) → „Sturm" (V. 29); Antithesen: Stille (vgl. V. 15, 19) – schallender „Titanensang der Ströme" (V. 27); „Licht und Glanz" des Tages, „goldne Wolke" (V. 23 f.) – dunkle „Nacht der Wolken" (V. 28) mit Blitzen (vgl. V. 31)
   - Du-Anrede der sich zeigenden „Seele der Natur" (V. 32): Erfüllung der religiösen Hoffnung (Strophe 1) im Schauen einer beseelten Natur = Pantheismus

   c Selbstverlust und Heimkehr in „des Vaters Hallen": Strophe 5
   - Selbstverlust des Sprechers in der Liebe bzw. damit gleichgesetzt in der Fülle der angesprochenen „schönen Welt" (vgl. V. 33–36)
   - Drang und Umherirren des Sprechers dargestellt im Naturbild der in den „Ozean" fließenden „Ströme" (vgl. V. 34 f.), in Fortführung der Bildreihe „Quell" (V. 17) → „Ströme" (V. 27)
   - Wiederaufgreifen des Sehnens (vgl. V. 35, 5), der Tränen (vgl. V. 33, 7), der Liebe (vgl. V. 34, 8) aus Strophe 1
   - Prädikate „verlor ich […] mich" (V. 33/36), „sehnen" (V. 35), „stürzt ich" (V. 37): Grundstimmung der Verzweiflung
   - abstrakte Begriffe: Zeitlichkeit („Einsamkeit der Zeit", V. 38) als Ursache des Leidens („Ach!", V. 37) erkannt und benannt; als Reaktion darauf: Negieren der Zeit, die Flucht in die „Unendlichkeit"; Darstellung dieser abstrakten Begriffe in einem väterlich-männlichen Bild mit religiösem Vokabular („Wie ein Pilger in des Vaters Hallen", V. 39)

3. **Erkenntnis und der Übergang von der Erinnerung an die Vergangenheit zur Klage über die Gegenwart (Strophe 6)**
   - veränderte zeitliche Situation: Gegenwartsbezug (Imperativ „Seid gesegnet", V. 41; Präsensform „Was ich nie erringe", V. 44); veränderte Sprechhaltung: mehr Reflexion und Erkenntnis als Erinnerung: Strophe 1–5 als „goldne Kinderträume" (V. 41) zusammengefasst und als irreal („Träume") erkannt; Erkenntnis, dass „des Lebens Armut" (V. 42) stets existent, wenngleich verborgen war; Erkenntnis der eigenen Unzulänglichkeit des Sprechers: „Was ich nie erringe" (V. 44)

- Anrede der „goldne[n] Kinderträume" (V. 41): beschwört zugleich den Mythos vom Goldenen Zeitalter herauf, religiöses Vokabular („Seid gesegnet", V. 41)
- Selbstdarstellung des Sprechers im Naturbild aus dem Bildfeld des Reifens („des Herzens gute Keime", V. 43)
- letztmals im Gedicht direkte Anrede der Natur („O Natur!", V. 45) in der zweiten Person
- Entfaltung der Liebesthematik (V. 47 – vgl. V. 8, 34) im Naturbild aus dem Bereich Reife/Ernte, in Fortführung der Reihe „Blüte[n]" (V. 2, 21) – „Früchte" (V. 47), entsprechend dem Lauf der Jahreszeiten

Teil II: Klage über den Verlust von Kindheit und Jugend: Strophe 7–8

Leitmotiv Tod/Sterben („[t]ot", V. 49, 50, 52; „sterben", vgl. V. 59, 60) → Totenklage

Strophe 7:

- Gegenwartsbezug: Präsensformen der Verben; Wiederholung des Adverbs „nun" (V. 49 f.) im Gegensatz zu „einst" (V. 51, 54)
- Klage über Tod der mütterlichen Natur („die mich erzog und stillte", V. 49) in Rückbezug auf Strophe 1–2; Klage über den Tod der „jugendliche[n] Welt" (V. 50) in Rückbezug auf Strophe 3–5
- Selbstdarstellung des Sprechers in Fortführung des Naturbildes der „Ernte" (vgl. V. 48): Gefühl der Leere in der Brust wird verglichen mit einem „Stoppelfeld" (V. 52), Assoziation mit der Jahreszeit Herbst
- veränderte Wirkung des Frühlings auf den Sprecher: „ein freundlich tröstend Lied" (V. 54) – im Vergleich zur Kindheit (Strophe 2), als er „den Frühling Gottes Melodie" nannte (V. 12)
- Erkenntnis des Sprechers, nun das Erwachsenenalter erreicht zu haben: „hin ist meines Lebens Morgen, / Meines Herzens Frühling ist verblüht" (V. 55 f.)
- Diskrepanz zwischen äußerer Natur, dem herrschenden „Frühling" (V. 53), und der den Sprecher beschreibenden inneren Natur: Frühling des Herzens (vgl. V. 56) ist verblüht, dürftiges Stoppelfeld (Herbst) in der Brust (vgl. V. 52)

Strophe 8:

- veränderte zeitliche Ausrichtung auf die Zukunft hin: Futurform „du wirst [...] nie erfragen" (V. 63); „[e]wig" (V. 57) als endloses Gebundensein an die Zeitlichkeit, im Gegensatz zu „Unendlichkeit" (V. 40) als Zuflucht aus der Zeitlichkeit
- Steigerung des Themas Liebe zu seinem Höhepunkt: Superlativ „liebste Liebe" (V. 57)
- Objekte der Liebe als „Schatten" (V. 58) erkannt; Verweis auf das (antike) Totenreich: Die „Welt für meine Liebe" (V. 8), die der Sprecher in der Kindheit (Strophe 1) vorfand, erweist sich nunmehr als Schattenreich; herrschte zur Zeit der Jugend „Licht und Glanz" (V. 23), sind es heute „Schatten"
- Ende der Jugend als Tod der „freundliche[n] Natur" (V. 60) empfunden; in „der Jugend goldne Träume" (V. 59): Wiederaufnahme des Motivs „goldne Kinderträume" (V. 41) → Mythos vom Goldenen Zeitalter als „Traum"
- Kommunikationsstruktur: erstmalige Verwendung des Pronomens „wir" („Was wir lieben", V. 58); Sprecher befindet sich nun innerhalb der Gesellschaft; keine Anrede der (nun toten) Natur; stattdessen: Selbstanrede mit „du" (V. 61, 63) und „[a]rmes Herz" (V. 63) (im Gegensatz zu „zärtlichbebend Herz", V. 4) → Sprecher auf sich selbst zurückgeworfen
- bisher vorenthaltenes Wissen darum, dass „so ferne dir die Heimat liegt" (V. 62): Gefühl von Unbehaustheit und Entfremdung (vgl. „fern" V. 25); „Heimat" ist zwar nicht erreichbar, aber – in der Sprache, im Gedicht? – erfragbar
- Bedingung für diese Erfragbarkeit: „ein Traum von ihr" muss genügen (V. 64): Genügsamkeit und Beschränkung als (die frühere Fülle kontrastierender) Rahmen dieser letzten Strophe (vgl. „darben", V. 57); selbstreflexiver Rückbezug auf die als „goldne Kinderträume" (V. 41) und „der Jugend goldne Träume" (V. 59) bezeichneten Teile des Gedichts → das Gedicht als sprachlich verfasster Traum muss genügen

3 a Für die Entfremdung nennt Hyperion in seinem Brief folgende Gründe:

- „Moment des Besinnens" (Z. 9), der die „selig[e] Selbstvergessenheit" (Z. 3 f.) zerstört
- Reflexion („Ich denke nach", Z. 9), die die Sterblichkeit ins Bewusstsein bringt
- Schulen als Instrumente der Gesellschaft, von der sich Hyperion distanziert („eure Schulen", Z. 14), Wissenschaft
- Vernunft und Differenzierungsvermögen

b Die Gründe für die Entfremdung von der Natur, die der Sprecher im Gedicht als Tod der Natur beklagt, sind denen in Hyperions Brief nicht unähnlich, wenngleich sie im Prosatext, der Textsorte entsprechend, deutlicher formuliert sind. Der Sprecher des Gedichtes nennt das Ende von Kindheit und Jugend und das Erreichen des Erwachsenenalters als Ursachen für das Gefühl von Einsamkeit und Entfremdung. Dass ihm die „goldne[n] Kinderträume" (V. 41) „des Lebens Armut" (V. 42) und Dürftigkeit „verbargen" (vgl. V. 42), verweist im Umkehrschluss auf die mangelnde „Seh-", d. h. Erkenntnisfähigkeit beim noch kindlichen Sprecher; und in „frohen" Kindertagen nichts von der Unbehaustheit des Daseins erfahren zu haben (vgl. V. 61 f.), bedeutet auch, nicht unterrichtet gewesen zu sein, etwa in „Schulen" oder durch „Wissenschaft" (Z. 14 f.), wovon im *Hyperion* die Rede ist.

Rätselhafte Natur – Die Romantik

M 8 Lösung

1 Originalform der beiden Tieck-Gedichte

Waldeinsamkeit
Die mich erfreut,
So morgen wie heut
In ewger Zeit
O wie mich freut
Waldeinsamkeit

Aus: Manfred Frank (Hrsg.): Ludwig Tieck: Schriften, Bd. 6: Phantasus. Frankfurt a.M. 1985

Mondbeglänzte Zaubernacht,
Die den Sinn gefangen hält,
Wundervolle Märchenwelt,
Steig auf in der alten Pracht.

Aus: Ruprecht Wimmer (Hrsg.): Ludwig Tieck: Schriften, Bd. 7: Gedichte. Frankfurt a. M. 1995

2 Beide Texte enthalten typisch romantische Versatzstücke:

- Anspielung auf die Sphäre des Wunderbaren, **„Wundervolle[n]"**
- **Nacht** als Ort und Raum, in dem die Vernunft (der „Sinn") schweigt, sich der **Zauber** der Natur entfaltet und der **Mond** für eine entsprechend irreale Beleuchtung sorgt
- **Einsamkeit:** melancholische Stimmung, aber auch besondere Sensibilität für Naturdinge
- Heraufbeschwören einer verlorenen prachtvollen **Vergangenheit** (Anspielung auf das Goldene Zeitalter)
- **Wald** als Gegenentwurf zur Zivilisation, Ort des Unheimlichen, aber auch Inbegriff der Naturnähe
- Annäherung an **Unendlichkeit** („In ewger Zeit") erstrebt

3 1 D 2 E 3 B 4 A 5 C

Text 1 aus: Gunter E. Grimm (Hrsg.): Deutsche Naturlyrik. Vom Barock bis zur Gegenwart. Stuttgart: Reclam 1995, S. 507 f.

Text 2 und 3 aus: Monika Schmitz Emans: Einführung in die Literatur der Romantik. 3. Aufl. Darmstadt: WBG 2009, S. 63.

Text 4 aus: © 1998 Christiane Krautscheid (Erstabdruck: "...ich bin ein Fremdling überall." Publikation zum Wanderer-Zyklus des Berliner Philharmonischen Orchesters herausgegeben von Sabine Borris, 11/1998, S. 9-20), abrufbar unter: http://www.christiane-krautscheid.de/christiane-krautscheid-der-wanderer-motivgeschichte.html.

Text 5 aus: Gerhard Schulz: Romantik. Geschichte und Begriff. München: C. H. Beck 2007, S. 98.

„Alles ist ewig im Innern verwandt": Brentanos *Sprich aus der Ferne* (1801)

M 9 Lösung

1 a **Wer/Was?** Ein lyrisches Ich, das weiter keine individuellen Konturen gewinnt, ruft eine „heimliche Welt" an, mit der Aufforderung zur Kommunikation. „Ziel" (V. 28) dieses Austauschs ist die wohlwollend-verwandtschaftliche Verbundenheit (Strophe 8) von „Allem" (vgl. V. 24, 29, 32).
Wann? Die Nacht als Zeitraum des Gedichtes lässt deutlich einen zeitlich-dynamischen Ablauf erkennen, vom Einbruch der Dunkelheit nach dem Niedersinken des Abendrots (vgl. V. 5) zum Erscheinen der Sterne (vgl. V. 7 ff.) und des Mondes (vgl. V. 13) am nächtlichen Himmel bis zur Mitternacht (vgl. V. 21) und darüber hinaus.
Wo? Als logische Konsequenz aus der herrschenden Dunkelheit ist der Standort des Sprechers nicht näher bestimmbar. So zeichnet der Text, abgesehen von ein paar dunklen Wäldern und Büschen (vgl. V. 22 f.), kein Landschaftsbild, sondern richtet sich an die kosmischen Erscheinungen der Nacht: Himmel, Sterne, Mond.
Stimmung: Insgesamt überwiegt die entspannte nächtliche Stille und Ruhe, an einer Stelle (Strophe 6) zeigt sich eine leichte Tendenz zum Unheimlichen. Durch die komplexen Wiederholungsstrukturen auf der Ebene der Wortwahl und des Klanges sowie die besondere Strophengestaltung erhält der Text den Charakter einer magischen Beschwörungsformel (vgl. das „Zauberwort" aus Eichendorffs *Wünschelrute*).

b **Äußerer Aufbau (Strophenform, Reimgestalt)**
Insgesamt neun Strophen, Wechsel von

- fünf vierzeiligen, zweihebigen Kurzstrophen (Wirkung eines zauberformelartig wiederkehrenden Refrains)

- vier vierzeiligen, vierhebigen Langstrophen (komplexere Gedankengänge des lyrischen Ich)
- Kreuzreim → Realisierung des Themas der Verflochtenheit (vgl. V. 8) bzw. Verbundenheit (vgl. V. 29)
- Verknüpfung auch über mehrere Strophen hinweg durch denselben Reim (Strophe 1, 3, 9) bzw. durch Assonanzen (Strophe 2, 7)
- Bruch des Kreuzreim-Schemas in Strophe 6 beim „Hinschleichen" des Grauens („hinschleicht"/„bezeugt")

Gedanklicher Aufbau und Erschließung

Strophe 1: identisch mit Strophe 9: Rahmenstruktur; Kreisbewegung des Gedichts, die die romantische Idee einer „ewig" (vgl. V. 32) fortschreitenden Lektüre des Gedichtes impliziert

- Das lyrische Ich richtet sich in dem gebieterischen Gestus des Imperativs an die „heimliche Welt" mit der Aufforderung zu sprechen.
- Die Wendung „aus der Ferne" (V. 1) lässt auf eine gewisse Distanz zwischen lyrischem Ich und der „heimlichen Welt" schließen, wobei das Beisammensein nichts Unübliches oder Einmaliges zu sein scheint.

Strophe 2: temporaler (konditionaler?) Nebensatz, eingeleitet mit der Konjunktion „wenn", Anschluss der folgenden Strophe durch einen Doppelpunkt

- Die Nacht als Zeit-Raum ist die Voraussetzung für die vom lyrischen Ich heraufbeschworene Erfahrung.
- Nach Einbruch der Dunkelheit „sprechen" keine Farben mehr (vgl. V. 6): d. h. Wahrnehmung (mithin die Vermittlung von „Sinn", V. 10) läuft nicht mehr über den Sehsinn; die Gesetzmäßigkeiten des rationalen Erkennens und Unterscheidens von Gegenständen, die mit Helligkeit und Tageslicht assoziiert werden, treten außer Kraft; die Sinneswahrnehmungen des Hörens und Fühlens gewinnen Relevanz (Synästhesien!).
- Die „Kränze still leuchtender Funken" (V. 7) sind vermutlich als Sterne zu interpretieren, die im Gedicht leitmotivische Funktion haben, ebenso wie die Bewegung des (Kränze) Knüpfens.

Strophe 3: Hauptsatz zu dem in Strophe 2 begonnenen Nebensatz, „dann" ist zu ergänzen

- Die in Strophe 1 heraufbeschworene Kommunikation mit der „heimlichen" nächtlichen Welt hat eingesetzt.
- Der von den „Sterne[n]" (V. 9) (= Bestätigung der Vermutung zu V. 7) ausgehende Sinn „[w]eht" (V. 9) zum Sprecher, wird also gleichsam auf der Haut gespürt und wird als „heilig" (vgl. V. 10) umschrieben, was eine weihevoll-ernste Atmosphäre schafft bzw. dem Sprecher priesterliche Züge verleiht.
- Die Wiederholung der Wendung „zu mir" (V. 12, 4) zeigt den Sprecher als Bezugspunkt der Erfahrungen in der kosmischen Nacht.

Strophe 4: „Wenn – dann"-Satzgefüge innerhalb einer Strophe

- So wie der „Sinn" der Sterne im All „weht" (beachte: wehen – Weh!), so teilt sich auch das am Tage „verborgen[e]" Leid der Menschen (in) den Nächten mit, wird also auch von ihnen empfunden (vgl. V. 14); das Mitgefühl des Mondes „lindert" den Schmerz (vgl. V. 13), dieser löst sich gleichsam in den Tränen des Mondes auf.
- Folge daraus ist ein alles umfassender, umwehender Friede (vgl. V. 15), ausgedrückt in einem mit „dann" eingeleiteten, in der Versmitte endenden Hauptsatz; die daraus resultierende rhythmische Zäsur realisiert akustisch die friedvolle Stille.
- Die „Geister", die in „goldenen Kähnen" „im himmlischen See" „[s]chiffen" (V. 15 f.), könnten als Seelen verstanden werden, die ihren Frieden gefunden haben, oder ebenfalls als – beseelte – Sterne.

Strophe 5: syntaktisch geschlossener Hauptsatz, Mitte und Sinnzentrum des Gedichtes

- Die „Lieder" verbinden mit ihrem „[k]lingende[n] Lauf" (V. 17 f.), der sich vom „leisen Wehen" in der bislang stillen Atmosphäre unterscheidet, oben und unten, sowie – in den Synästhesien – die Sinneswahrnehmungen.
- Sie haben das Glänzen der Sterne an sich. Das Klingen erinnert zum einen an kosmische Sphärenmusik (antike Vorstellung, nach der bei der Bewegung der Himmelskörper Töne entstehen, die einen harmonischen Zusammenklang ergeben), zum anderen verweist der Text selbstreflexiv auf den Klang seiner eigenen poetischen Sprache.
- Ebenso birgt das Verb „ringeln" (vgl. V. 19) in sich die ringförmige Bewegungsstruktur des Gedichtes selbst; das Wellenbewegung assoziierende Verb „wallen" (vgl. V. 20) knüpft an das Bild des „himmlischen See[s]" (V. 16) an.

Strophe 6: temporaler (konditionaler?) Nebensatz, eingeleitet mit der Konjunktion „wenn", Anschluss der folgenden Strophe durch einen Doppelpunkt (= Aufbau identisch mit Str. 2)

- In der finstersten Strophe des Gedichtes, die durch keinerlei Lichtquelle erhellt wird, ist die

Mitternacht erreicht („dunkl[e] Wälder“, V. 22; „finster“, V. 24).

- Die auf die Tradition der Schauerromantik verweisende unheimliche, beklemmende Stimmung (Reim!) wird u. a. erzeugt durch das bedrohlich wirkende Verb „hinschleichen“ (vgl. V. 22), außerdem durch die angstbesetzte Vorstellung, aus (oder von) dem Gebüsch angeblickt zu werden (vgl. V. 23). Psychologisch bemerkenswert ist die Verwendung von „schauen“ (V. 23) als einzigem Verb der optischen Wahrnehmung seit dem Verschwinden der „freudige[n] Farbe“ (V. 6) – und dies ausgerechnet in der Strophe absoluter Dunkelheit.
- Das „Grauen“ der Mitternacht wird relativiert durch die Zuschreibung „heilig“ (vgl. V. 21), weshalb die Atmosphäre mehr als ehrfürchtig-religiös denn als unheimlich zu charakterisieren ist.
- Auch in der tiefsten Finsternis bezeugt „[a]lles“ (V. 24, vgl. auch V. 29 und V. 32) aus „sich“ selbst heraus seinen Sinn (vgl. V. 24).

Strophe 7: Hauptsatz zu dem in Strophe 2 begonnenen Nebensatz, „dann“ ist zu ergänzen (= Aufbau identisch mit Str. 3)

- Das herrschende „Dunke[l]“ (V. 25) wird durch das Wiederaufnehmen der funkelnden Sternen-„Lichter“ (vgl. V. 27 f.) optisch aufgehellt; die Wendung „[f]reundliches Spiel“ nimmt der Stimmung ihren düsteren Ernst.
- Die fortschreitende Dynamik des Textes („[w]andelt“, V. 25) steuert auf das in seiner Strophenendposition stark betonte Wort „Ziel“ (V. 28), das das erhoffte Ergebnis des beschwörenden Sprechens ankündigt (hier ließe sich ein Doppelpunkt ergänzen).

Strophe 8: einzige nicht mit „wenn“ eingeleitete Langstrophe, in sich geschlossenes Satzgefüge

- Das „Ziel“ der beschwörenden Anrede des Sprechers an die „heimliche Welt“ bzw. der im Zentrum des Gedichtes stehenden Lieder wird genannt (erreicht?), nämlich die innere, verwandtschaftliche Verbundenheit aller Dinge, dargestellt im Bild des Händereichens.
- V. 31: „Sind durch die Nächte die Lichter gewunden“ könnte als eingeschobener Nebensatz („wenn“ ist zu ergänzen) gelesen werden, der nochmals die Nacht mit ihren Sternengirlanden als Voraussetzung für diese All-Verbundenheitserfahrung nennt.
- Die Absolutheit dieser Verbundenheit in ihrer räumlichen und zeitlichen Ausdehnung zeigen die dreimalige anaphorische Verwendung des Wortes „Alles“ (V. 29, 32, 24) sowie das Adverb „ewig“ (V. 32).

Strophe 9 (= identisch mit Str. 1) schließt die Kreisbewegung des Textes.

c Die Strukturierung des Gedichtes ergibt sich:

- sowohl rhythmisch als auch gedanklich im Wechsel der beiden unterschiedlichen Strophenlängen
- durch die vielfach erzeugte Kreisbewegung (die der Drehbewegung der Planeten entspricht)
- zeitlich-linear durch die chronologische Abfolge von Abend bis nach Mitternacht

2 a Als Natur-Personifikationen sind zu nennen:

- die „heimliche Welt“ als durchaus gesellige Gesprächspartnerin (vgl. V. 1–4), die sich jedoch in einiger Distanz („Ferne“, V. 1) zum Sprecher befindet
- die mit der Fähigkeit zu sprechen ausgestattete „freudige Farbe“ (V. 6)
- die Nacht als majestätisch-erhaben wirkende Frau, die sich ein Diadem aus Sternen um die Stirn „flicht“ (vgl. V. 7 f.)
- der Mond (traditionell) als Trost spendender Gedankenfreund (vgl. V. 13; vgl. Klopstock)
- die mitternächtliche Natur mit leicht dämonischen Zügen (Strophe 6)
- die Idealvorstellung der Verbundenheit aller Dinge, dargestellt zum einen als familiäres Verwandtschaftsverhältnis, zum anderen in der ausdrucksstarken und zutiefst menschlichen Geste des Händereichens (vgl. V. 30), die den Vorgang des Verflechtens (vgl. V. 8) im Bereich des Zwischenmenschlichen fortsetzt

b Verhältnis zwischen Ich und Natur:

Das Verhältnis zwischen Sprecher und Natur ist stets von einer gewissen Distanz bestimmt, die durch mehrfaches Wiederholen der „Ferne“ sowohl in der Rahmenstrophe (V. 1, 33) als auch im Mittelteil (V. 11) noch betont wird. Die postulierte Verwandtschaft ist nicht sonderlich eng: Es gibt keine innige Verschmelzung in einem Mutter-Kind- oder Liebesverhältnis, sondern vielmehr eine freundschaftlich wohlwollende, Trost und Halt spendende Verbundenheit (vgl. V. 29). Es ist also nicht von einem pantheistischen All-Einheits-Gefühl die Rede, sondern von einer All-Verbundenheit. Demnach ist auch die im Text vermittelte Stimmung nicht enthusiastisch, sondern von einer zugleich friedvollen und magisch-beschwörenden Ruhe.

c Aspekte vom *Buch der Natur* in Brentanos Gedicht:
Fähigkeit und Eigenschaft der Natur ist zum einen das Sprechen und Kommunizieren, zum anderen das Verflechten und Verbinden, also das Herstellen von Zusammenhang und damit von Sinn. Dies erinnert an die in der Romantik beliebte Vorstellung vom *Buch der Natur*: Um den geheimen Sinn der Natur zu entschlüsseln und im Lied zum Klingen zu bringen, bedarf es der Sphäre der Nacht und der Anrufung durch den Dichter (mithin des Gedichtes selbst). Der Sinn wird nicht erkannt, sondern (im Bild des Wehens) erspürt und (im Lied) gehört.

M 10 „Gegrüßt sei du viel lieber Wald!“

Lösung

1 Progressive Universalpoesie in Schlegels Gedicht *Im Speßhart*:

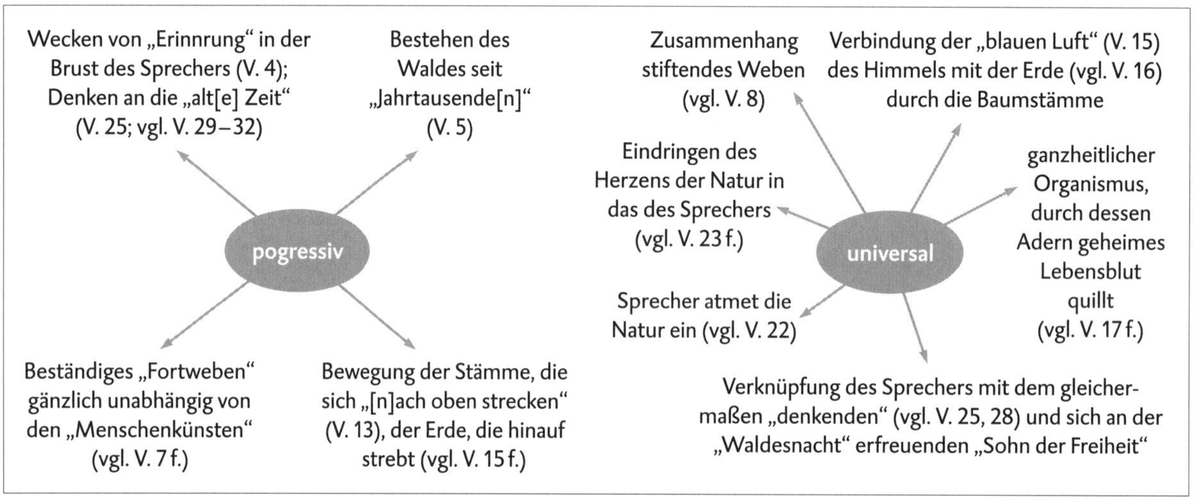

2 Aus der Betrachtung des Bildes *Der Chasseur im Walde* lassen sich folgende Gedanken und Gefühle des französischen Soldaten ableiten:

- Die helle Lichtung im unteren Viertel des Bildes ist mit Schnee bedeckt → „Mir ist kalt.“
- Der Verlauf der Lichtung bildet eine Art Kreuzung, die Figur steht exponiert in deren Zentrum → „Ich stehe im Fadenkreuz.“
- Im oberen Viertel ist wenig dunkler Himmel sichtbar → „Von oben ist keine Rettung zu erwarten.“
- Der große mittlere Teil der Fläche ist raumgreifend (→ Übermacht) mit dunklem Wald bedeckt, dessen Linien (die die kleineren Bäume im Vordergrund begrenzenden diagonalen Fluchtlinien sowie die vertikal verlaufenden Stämme der hinteren großen Bäume) auf die Figur zulaufen → „Der Wald scheint näher zu rücken.“
- Zwischen den Stämmen schimmert diffuses, rötliches Licht („Zwielicht“), die Lichtquelle bleibt unklar (Feuerschein?) → „Woher kommt dieses unheimliche Licht?“
- Die einzelne, im Verhältnis zum Wald winzige Figur des Soldaten wendet dem Betrachter (typisch für Friedrich) den Rücken zu → „Ich fühle mich einsam, verlassen und schutzlos.“
- Als einziges weiteres Lebewesen hebt sich ein schwarzer Vogel, wohl Krähe oder Rabe (Vorboten von Unheil und Tod) vom weißen Schnee kontrastiv ab → „Dieser unheimliche Vogel beobachtet mich.“

3 Die in Canettis Text genannten, von den Deutschen am Wald geschätzten Eigenschaften lassen sich unter den folgenden Aspekten subsumieren: die Ordnung, das Militärische, die Rückbindung an die Vorfahren, der sehnsüchtige Blick in die Ferne, der Ort der Träume für Knaben.

M 11 „Und meine Seele spannte weit ihre Flügel aus“

Lösung

1 Zu diskutieren sind bei dem folgenden Schema die (durch die „löst-aus“-Pfeile dargestellten) kausalen Zusammenhänge: Gibt der Aufenthalt in der nächtlichen Natur dem Sprecher den Impuls zur Poesie, die er durch den Vergleich mit mythischen Personifikationen und durch den Neologismus „Blütenschimmer“ gleichsam vorführt, oder entsteht die Natur erst aus der Vereinigung (Schöpfungsmythos) von Himmel und Erde?
Die sich anschließenden Erkenntnisse sind je nach Schüleräußerungen festzuhalten.

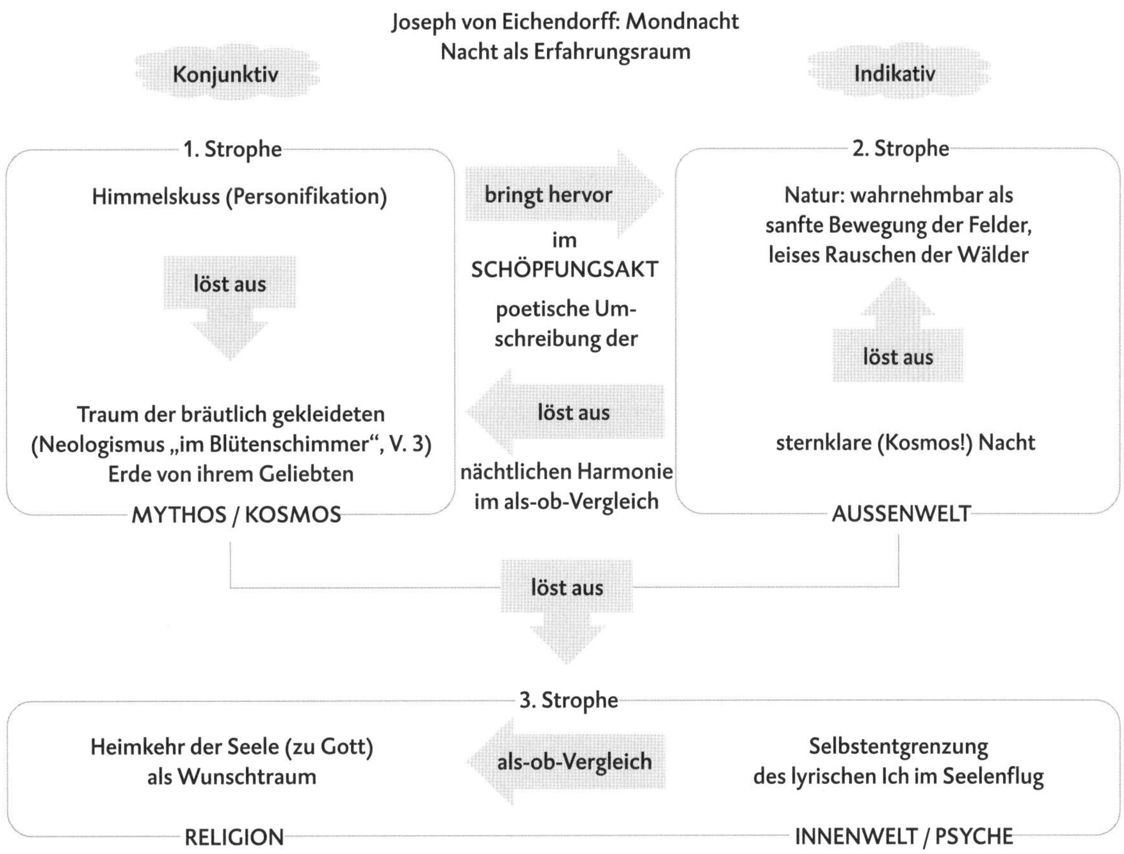

Erkenntnisse: (je nach Schüleräußerungen)
→ Kreisbewegung des Textes durch die Abfolge Konjunktiv – Indikativ – Konjunktiv
→ Konjunktiv mit „als-ob“-Figuren als Ausgangs- und Endpunkt: Sehnsucht, Unerfüllbarkeit als Grundton
→ Widerspiegelung des Liebestraumes der Erde im Traum des lyrischen Ich von der Heimkehr der Seele
→ Zusammenhang zwischen Natur und Poesie
→ Vereinigung aller Bereiche („Universalpoesie“)
→ …

2

V. 1 f.	↷	Himmel beugt sich zur Erde, um sie zu küssen
V. 5	→	leichter Wind weht über den Feldern
V. 6 f.	↔	Bewegung der Ähren/der Bäume
V. 9 f.	↔	Seele spannt die Flügel aus
V. 11	→	Seele fliegt durch die Lande
V. 12	↗	Seele fliegt nach Hause (= zu Gott)

Weite/Unendlichkeit (V. 6 f. – V. 11)

Konjunktive! (V. 1 f. und V. 12)

Vereinigung bleibt ein Traum

3 Bedeutung der Natur:
Die Natur ist zugleich hervorbringende Kraft (im Schöpfungsakt) und hervorgebrachte Schöpfung (im dichterischen Sprechen des lyrischen Ich); die Landschaft ist der unbegrenzte (Plural: „Lande“, V. 11) Flugraum der Seele.

M 12 Enttäuschter Pantheismus: Von der Romantik zum Biedermeier

Lösung

1 Der Aspekt der Körperlichkeit ist auf Lenbachs Bild stark betont: Der Junge legt schützend den linken Arm über die Augen, weil ihn die Sonne blendet, das rechte Bein ist angewinkelt; entsprechend dazu liegen der rechte Arm und das linke Bein entspannt auf der Erde; vielleicht ist er eingeschlafen. Die Beine sind voll Sand oder Lehm. Der Junge mag sich von den Insekten belästigt fühlen (Schmetterling auf dem seinem Knie zugeneigten Grashalm). Der Untergrund wirkt hart, uneben und relativ ungemütlich, Sandschichten und harte Felsen sind im Vordergrund zu erkennen. Die Vegetation (einige botanisch korrekt dargestellte Blumen) ist eher karg.
Die Gedanken des Knaben könnten sich auf sein momentanes körperliches oder geistiges Befinden, seine Erinnerungen an die Vergangenheit oder Pläne für die Zukunft beziehen.

2 Gemeinsamkeiten zwischen Lenbachs *Hirtenknaben* und dem Sprecher des Gedichtes:

- beide sind allein
- die liegende Position der Figur bzw. des Sprechers, im Gedicht stark betont durch den deiktischen Verweis im Eröffnungsvers „Hier lieg ich auf dem Frühlingshügel“ (V. 1); Dynamik wird zwar in der Natur wahrgenommen („Die Wolke seh ich wandeln und den Fluß“, V. 13), jedoch nur halb ersehnt (die Wolke wird in der Vorstellung des Sprechers „mein“, also nur ein „Flügel“ V. 2); der Sprecher verharrt in dieser Position
- die Körperlichkeit der Figuren: Das Liegen auf einem Hügel impliziert den entsprechend gebogenen Rücken; die Rede ist auch von „Geblüt“ (V. 15), das die Hitze und Helligkeit der Sonne aufnimmt, außerdem werden – sprachlich verselbstständigt und gerade nicht mit Possessivpronomen an den Sprecher angebunden – „[d]ie Augen“ (V. 16) und „das Ohr“ (V. 18) genannt
- die Unbestimmbarkeit der Gedanken: „Ich denke dies und denke das“ (V. 19)

3 Wesentliche Aspekte aus dem Vergleich der Textauszüge mit Mörikes *Im Frühling*

a Vergleich mit Goethe: *Maifest*
Die Grundstimmung des Sprechers ist bei Goethe begeistert-enthusiastisch (Ausrufe!) und positiv-fröhlich („lachen“), bei Mörike verhalten-schläfrig mit der Tendenz zur Melancholie („halb ist es Klage“, V. 21). Die „Natur“ ist bei Goethe ein alles umfassender, alles mit Glanz erfüllender Kollektivbegriff, „Frühling“ eine üppige, omnipräsente, drängende, quellende vitale Kraft. Der Sprecher befindet sich als Bezugspunkt inmitten der ihn umgebenden Natur. Mörikes Natur erscheint fragmentiert in Hügel, Wolke, Vogel, Fluss, Sonne und Zweige eines Baumes. Der angesprochene Frühling gibt sich eher distanziert und unwillig, was eine Annäherung an den Sprecher betrifft; dessen Hoffnung auf Vereinigung scheint enttäuscht zu werden. In Goethes *Maifest* dringen „tausend Stimmen / Aus dem Gesträuch“, bei Mörike reduziert und fokussiert sich die akustische Wahrnehmung auf ein einzelnes Geräusch, nämlich den „Ton der Biene“ (V. 18).

b Goethe: *Auf dem See*
Die durch die Adjektive „frisch“, „neu“, „frei“ evozierte, für den Frühling typische Stimmung von Aufbruch und Erneuerung, Optimismus und Elan fehlt bei Mörike. Eigenartig für ein Frühlingsgedicht richtet Mörikes Text nicht den hoffnungsfrohen Blick nach vorne, sondern endet in der Erinnerung an alte Tage (vgl. V. 25).
Die Geborgenheit, die Goethes lyrisches Ich am „Busen“ der gütigen Mutter Natur empfinden darf, ist dem Sprecher in Mörikes Gedicht vorenthalten: Er bleibt unbehaust, die Frage, wann sein Sehnen und Hoffen „gestillt“ werde, bleibt unbeantwortet, ja ungehört.

c Hölderlin: *Hyperion*
Dass der Sprecher des Mörike-Gedichtes das in den Zeilen aus *Hyperion* benannte All-Einheitsgefühl ersehnt, zeigt sich sprachlich in der Anrede „all-einzige Liebe“ (V. 4), die der Natur gilt.
Er wünscht sich, bei ihr zu bleiben, doch dieser Wunsch nach Heimkehr bleibt unerfüllt, die Natur bietet diese Möglichkeit nicht (mehr), denn sie hat „kein Haus“ (V. 6).
Trotz aller Bereitschaft und Offenheit des Subjekts („steht mein Gemüte offen“, V. 7), trotz des Versuches, das eigene Selbst in den Raum auszudehnen, gelingt die ersehnte Verschmelzung mit der Natur nicht, die diesbezüglichen Fragen laufen ins Leere. Statt „in seliger Selbstvergessenheit“ mit der Natur eins zu werden, richtet sich die Aufmerksamkeit des lyrischen Ich in Mörikes Gedicht auf die eigenen Gedanken und das eigene Herz.

d Eichendorff: *Mondnacht*
Während das lyrische Subjekt bei Eichendorff sich nur in der kaum greifbaren Wendung „meine Seele“ äußert, zeigt sich das Ich bei Mörike in durchaus materieller, wenngleich fragmentierter Körperlichkeit: Rücken als Liegefläche, Augen, Ohr, Herz. Beinahe als logische Konsequenz daraus gelingt bei Eichendorff der Aufschwung und der Flug der Seele, Mörikes körperliches Ich bleibt auf seinem Hügel liegen.

4 Als über die Romantik hinaus weisend und als biedermeierlich können die folgenden Elemente genannt werden:

- Typisch ist die Situation des Sprechers, das statische, entspannte Liegen im Gras (es begegnet beispielsweise auch in Droste-Hülshoffs Gedicht *Im Grase* oder in Mörikes *Am Walde*).
- Auch das Naturempfinden ist ein anderes: An die Stelle des Rauschens und Schimmerns der Romantik tritt eine realistischere, mehr detailgetreue Naturdarstellung.
- Neu ist auch ein realistisches Körperempfinden, das sich nicht mehr zu den Verschmelzungsfantasien der Romantik versteigt.

Ein handfestes Verhältnis zur Wirklichkeit – Droste-Hülshoff: *Die Mergelgrube*

M 13 Lösung

1 a Die Aufgabenstellung („Anleitung“) greift die das Gedicht eröffnende Sprechhaltung des Imperativs („Stoß“, V. 1) auf. Auffällig sind die exakten Angaben: Demnach sei der Spaten genau „drei Spannen“ tief in den Sand zu stoßen. Um Steine freizulegen, sind der „Griff / [d]er Hand“ (V. 8 f.) und das „Scharren mit des Fußes Spitze“ (V. 9) angebracht, eine realistische, detaillierte Schilderung der Tätigkeit.

b Das Subjekt fragt danach, wo die jeweiligen Gesteinsarten „gezeugt“ (V. 15) wurden – dies ist letztendlich also die Frage nach der Entstehung der Erdformation.

2 Die Unterteilung des Gedichtausschnitts in zwei Abschnitte zeigt das Spannungsfeld zwischen der biblischen Lehre einerseits und den Positionen der – gerade im 19. Jahrhundert (Darwin!) sich rasant fortentwickelnden – Wissenschaft andererseits, in dem sich der Diskurs über die Entstehung der Erde bewegt.

a Sprachliche Darstellung der Steine: V. 1–14

„Gesteine“ sind „[b]lau, gelb, zinnoberroth, als ob zur Gant / Natur die Trödelbude aufgeschlagen“ (V. 2–4)
→ Die personifizierte Natur bietet in einem Als-ob-Vergleich die Steine gleich Waren feil, deren ins Auge stechende Buntheit zum Kauf animieren soll (Reflex auf die zunehmende Ökonomisierung und Kommerzialisierung im Verlauf des 19. Jh.).

„Kein Pardelfell war je so bunt gefleckt, / Kein Rebhuhn, keine Wachtel so gescheckt“ (V. 5 f.)
→ Durch den Parallelismus und die mehrfache Wiederholung der Verneinung („kein“) werden die Steine der belebten Natur vergleichend gegenübergestellt und die überlegene Qualität ihrer Musterung hervorgehoben. Wachteln und Rebhühner lassen an die Jagd als Freizeitbeschäftigung des Adels denken und evozieren die Vorstellung von Noblesse und Reichtum, ebenso das kostbare Leopardenfell. Dass dieses den Königen im Alten Ägypten vorbehalten war, gibt der Wendung eine tiefe zeitliche Dimension, ebenso wie das Prädikat „war je“.

„das Gerölle gleißend wie vom Schliff“ (V. 7)
→ Die im Vergleich angedeutete Bearbeitung des Steines durch den Menschen lässt an Edelsteinschleifereien denken (Miteinbeziehen der menschlichen Arbeitswelt).

„Wie zürnend sturt dich an der schwarze Gneis“ (V. 10)
→ Die Personifikation des Steines zeigt Zorn (das mit der Farbe Schwarz in Verbindung gebrachte Gefühl) als Reaktion auf den menschlichen Eingriff in die Natur. Beim „Starren“ wird die Blickrichtung umgekehrt.

„Spatkugeln kollern nieder, milchig weiß, / Und um den Glimmer fahren Silberblitze“ (V. 11 f.)
→ Im Spiel mit den Größenverhältnissen wird ein Gewitter inszeniert, das sonst wohl im Gebirge stattfindet: Das von den Steinen beim Niederrollen verursachte „Kollern“ gibt den Donner ab, gefolgt von Blitzen.

b Entstehung der Gesteinsarten, sprachliche Anknüpfung an den ersten Abschnitt: V. 15–24

„*Der* sah den Strand, und *der* des Berges Kuppe; / Die zorn'ge Welle hat sie hergescheucht, / Leviathan mit seiner Riesenschuppe“ (V. 16–18)
→ Die Verse lassen einiges Wissen um die erdgeschichtliche Entwicklung erkennen. Im „Sehen“ unterschiedlicher Herkunftsareale wird die Personifikation des „zürnend“ starrenden Gneis (V. 10) fortgeführt. Der Zorn wiederholt sich in der elementaren Gewalt der „Welle“, die das Gestein in die Mergelgrube der Heidelandschaft gespült hat. Als Verursacher dieser Kraft wird das alttestamentliche Meeresungeheuer genannt.

„Als schäumend übern Sinai er fuhr, / Des Himmels Schleusen dreißig Tage offen, / Gebirge schmolzen ein wie Zuckerkand, / Als dann am Ararat die Arche stand“ (V. 19–22)
→ Als zweite Erklärung für die Entstehung der Erdformation wird die biblische Sintflut angeführt; das 30 Tage dauernde Unwetter um „Sinai“ und „Ararat“ ist der mythisch-erhabene Wider-

hall des Miniatur-Gewitters um „Spat“ und „Glimmer“ (vgl. V. 11 f.). Im Bild der wie Zuckerkandis schmelzenden Gebirge klingt das Jahrmarktstreiben um die „Trödelbude der Natur“ (vgl. V. 4) an.

Im Ergebnis zeigt sich, dass die (katholische) Autorin die beiden im Widerstreit stehenden Erklärungsmodelle der Naturwissenschaft und der Bibel in der poetischen Sprache zusammenführt.

M 14 Auf dem Eis – Elementargeist und Mensch

Lösung

1 Die Begegnung Mensch–Nixe ist in der klassisch-romantischen Epoche wie im ganzen 19. Jahrhundert ein sehr beliebtes Motiv sowohl der bildenden Kunst als auch der Literatur. Zu denken ist hier etwa an Goethes Ballade *Der Fischer*, an Meyers *Der schöne Tag* oder *Die Fei*, Heines *Seegespenst* oder Fouqués *Undine.* Hier jedoch soll es weniger um die inneren Konflikte des bürgerlichen Mannes gehen, der von der Gesellschaft und ihren Normen in hohem Maße zu Selbstkontrolle und Triebunterdrückung gezwungen wird und der von allem Verdrängten in Gestalt der Nixe heimgesucht wird. Vielmehr soll die Nixe als Elementarwesen die Natur selbst repräsentieren.

Bildvergleich:

Hübner: Der Fischerknabe und die Nixe	Eichler: Nixe im Eis gefangen
• üppige Flora und Fauna (Vogel am rechten Bildrand) und bewegtes Wasser umgeben die beiden Figuren	• Konzentration auf die Perspektive unter Wasser, die den Großteil des Bildes einnimmt; die winterliche, mit Menschen bevölkerte Landschaft am oberen Bildrand ist nur angedeutet und durch die Eisschicht abgetrennt
• die beiden Figuren sind harmonisch verbunden, fassen sich bei der jeweils linken Hand, die rechte Hand der Nixe und der linke Fuß des Knaben liegen aneinander; der Knabe versteckt für die Nixe bestimmte Blumen hinter dem Rücken	• die Nixe ist allein, nur von Fischen umgeben, in gekrümmter Haltung, weil ihr Rücken offensichtlich festgefroren ist; der Blick ist unzufrieden, wenn nicht gar leidend nach oben gerichtet
• die Nixe ist – mit offenem Haar und nackten Brüsten – erotisch und verführerisch	• die Nixe ist einerseits – mit offenem Haar und nacktem Oberkörper – erotisch, jedoch wirken die Flossen und die Schwimmhäute zwischen den Fingern befremdlich

2 ❶ blendend weißer Schnee (vgl. V. 2)
❷ blickt nach unten (vgl. V. 11): Passivität
❸ ewiges Bewahren des Anblicks im Inneren (vgl. V. 15 f.)
❹ undurchdringlich hart (vgl. V. 14)
❺ Dynamik „stieg auf“ (V. 5)
❻ Vegetation „Seebaum“ (V. 5)
❼ schöner, nackter Körper (vgl. V. 12)
❽ klettert an den Ästen hinauf (vgl. V. 7): Dynamik

3 a Eine Entscheidung für den einen oder anderen Ansatz hängt davon ab, ob man das dargestellte Geschehen als äußeres, „reales“ Geschehen der Begegnung des Sprechers mit dem Elementarwesen oder als inneres Geschehen begreift, das sich ausschließlich in der Psyche des lyrischen Ich abspielt.

b Bezogen auf den Deutungsansatz A befindet sich Heinrich von Ofterdingen in seinem Traum in einer vor-freudschen Einheit mit sich selbst, ohne die (durch bürgerliche Moralvorstellungen erzeugte und von den Romantikern kritisierte) Selbstentfremdung, d. h. ohne eine Trennung von Ich und Triebwelt. Während die Berührung der Wasserwesen möglich, die erotische Annäherung erfüllbar erscheinen, sind diese bei Keller nur noch unerreichbares Wunschdenken.
Im Kontext der Deutung B ist Heinrichs Traum nicht nur der Traum von einer Annäherung und Kommunikation, sondern der Wunsch nach der – erotisch konnotierten – Vereinigung von Mensch und Natur, eine Vereinigung, die in Kellers Gedicht schon nicht mehr stattfinden kann.

M 15 Im Kornfeld – „Sommernacht“

Lösung

1 a Sprachliche Gestaltung der ersten Strophe:
- Das Kornfeld wird mit seiner „wallenden“ (vgl. V. 1) Dynamik sowie in seiner weiten Ausdehnung „in die Runde“ (V. 1) mit einem Meer verglichen. Die W-Alliterationen („wallt“, „weit“, V. 1; „wie“, V. 2) heben die Wellenbewegung hervor.
- Der Blick senkt sich von der horizontalen Weite in die Tiefe. In der – wenngleich negierten – Nennung von „Seegewürm“ (V. 4) und anderen fremdartigen, grausigen (vgl. V. 4) Tiefseebewohnern ist ein dissonanter, unheimlicher Unterton angeschlagen. Dieser wird aber durch die anthropomorphisierten „Blumen“

(V. 5) aufgehoben, die mit ihren menschlichen Fähigkeiten („träumen“, V. 5; „trinken“, V. 6) umso vertrauter wirken. Das Träumen von Kränzen impliziert die Tätigkeit des Kränze-Windens, was die Kreisform aus dem ersten Vers („Runde“) wieder aufnimmt.

- Der Raum weitet sich nun in den Nachthimmel: Die unten, am „Grunde“ angesiedelten Blumen „trinken der Gestirne Schein“ (V. 6), das Licht der Sterne wirkt damit flüssig wie das „Meer“ in Vers 2 und durchfließt den ganzen Raum von oben nach unten.
- In Parallelsetzung zum Trinken der Blumen „[s]augt“ die Seele des – sich hier im Possessivpronomen erstmals aussprechenden – lyrischen Ich das „friedlich[e] Glänzen“ des direkt angerufenen „goldne[n] Meer[es]“ (V. 7 f.) ein, in dem nun das nächtliche Kornfeld und der Glanz der Sterne zusammenfließen. Das Ich und die Blumen, Mensch und Natur sind im Einklang.

b Beim konsequenten Einhalten des vierhebigen Versschemas würde die Betonung auf den Wörtern „in“ (V. 1) und „es“ (V. 2) liegen, damit wäre der Sinn der Verse verfehlt. Durch die (im Gegensatz zum Metrum stehende) Akzentuierung von „weit“ und „dehnt“ wird der Rhythmus verlangsamt und die Bedeutung dieser Wörter, die Weite des Raumes, akustisch sinnfällig.

c Stilistische und literaturgeschichtliche Verortung:

- Nacht-Motiv der Romantik
- Ausdehnung des nächtlichen Raumes ins Kosmische (vgl. Eichendorff: *Mondnacht*, Brentano: *Sprich aus der Ferne*)
- das Verfließen von Grenzen
- Bild/Vergleich Kornfeld–Meer („Die Ähren wogten sacht“, Eichendorff: *Mondnacht*)
- romantisches Traum-Motiv in Verbindung mit Blumen („Daß sie im Blütenschimmer / Von ihm nun träumen müßt.“, Eichendorff: *Mondnacht*)
- Motiv des Kränze-Windens (vgl. Brentano: *Sprich aus der Ferne*)
- Motiv des Trinkens/Saugens als Einverleibung der Natur („Und frische Nahrung, neues Blut / Saug ich aus freier Welt“, Goethe: *Auf dem See*)
- Verbindung der Seele mit der Natur („Und meine Seele spannte / Weit ihre Flügel aus“, Eichendorff: *Mondnacht*)

→ Naturlyrik in der Tradition der Romantik

2 a Darstellung der Menschen, der Natur und deren Beziehung zueinander

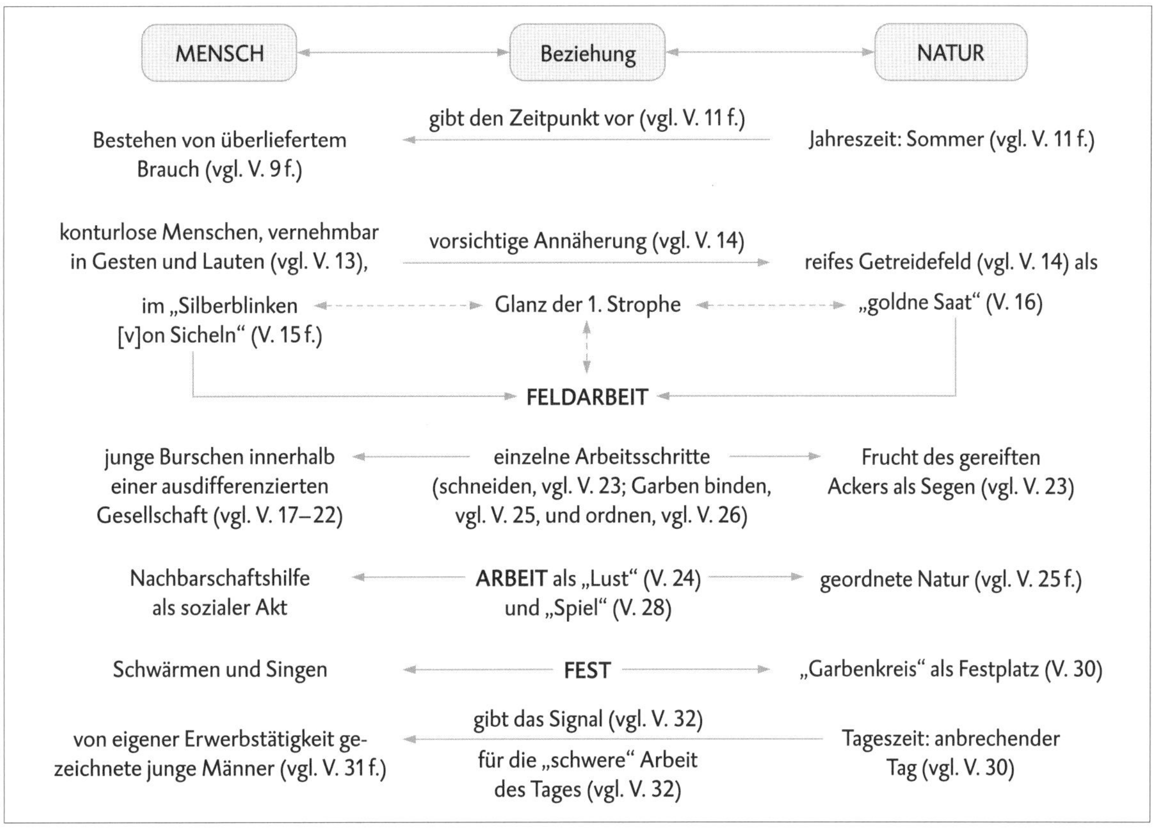

b „[. . .] Das Gedicht reagiert darauf mit dem idealen Gegenbild einer mit Liebe verrichteten Arbeit, verschweigt aber nicht das reale Bild der äußerlich erzwungenen Tätigkeit." (G. Stephan a. a. O.)

Hier sollen die beiden dem Gedicht inhärenten Konzepte von Arbeit erkannt werden, wenngleich die erzwungene, „schwere" (Arbeit) im letzten Vers nur angedeutet ist.

M 16 Möwenflüge

Lösung

1
V. 2: ☒ Dämmrung
V. 3: ☒ feuchten
V. 4: ☒ Abendschein
V. 5: ☒ Graues
V. 7: ☒ Wie Träume
V. 8: ☒ Im Nebel
V. 9: ☒ gärenden Schlammes
V. 10: ☒ Geheimnisvollen
V. 11: ☒ Einsames
V. 13: ☒ schauert leise

2 und **3**
Die Aufgaben 2 und 3 führen den Schülern vor Augen, wie sehr die Stimmung eines Gedichtes variieren kann, und machen die für die Nordsee-Texte Storms typische düstere Stimmung im Kontrast umso deutlicher.

3

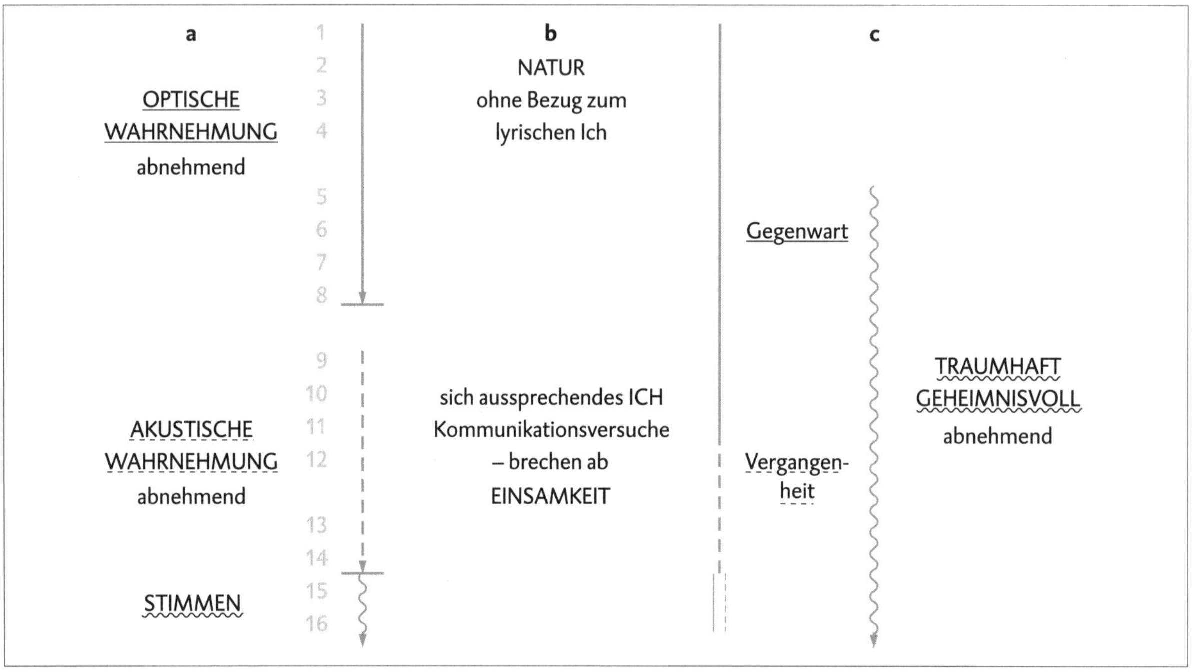

Strophe 1
V. 1 f.: Haff und fliegende Möwe sind deutlich sichtbar und definierbar, das Temporaladverb „nun" markiert den Gegenwartsbezug; so wie das „Haff" (wie auch die „Watten", V. 3) als (unsicherer) Zwischenraum zwischen Land und Meer zu verstehen ist, so ist die hereinbrechende Dämmerung der Bereich zwischen Tag und Nacht sowie zwischen hell und dunkel.
V. 3 f.: Die Spiegelung des letzten Tageslichtes über dem flachen Wasser der „Watten" erzeugt eine Doppelung des Raumes oben–unten. Diese Raumstruktur kehrt in den Strophen 3 (unten: Geräusch des Schlammes – oben: Vogelrufen) und 4 (oben: Wind – unten: Stimmen über der Tiefe) wieder.

Strophe 2
V. 5 f.: Die Vögel als huschendes „[g]raues Geflügel" sind weder in ihrer Art bestimmbar noch ist ihre Bewegungsweise genau erkennbar.
V. 7 f.: Der Blick geht von der Nähe (den Vögeln) in die Weite zu den „Inseln", deren Umrisse im „Nebel" verwischt und kaum mehr wahrnehmbar sind, die optische Wahrnehmung endet hier; im Vergleich „[w]ie Träume" löst sich die Umgebung von der Wirklichkeit, die Zeit von der Gegenwart, das Geheimnisvolle (vgl. V. 10) wird antizipiert.

Strophe 3
V. 9–11: genau in der Mitte des Gedichtes wird mit der Wendung „[i]ch höre" die optische durch die akustische Wahrnehmung abgelöst, das lyrische Ich

spricht sich aus (einzige Stelle im Gedicht!); Objekt des Hörens und damit syntaktisch auf das Ich bezogen ist das vom Boden, also von unten herauf dringende, unheimliche Geräusch des Wassers; der Singular dieses „[g]eheimnisvollen Ton[s]" findet seine Entsprechung in der Einsamkeit des Vogelrufens oberhalb des Bodens: Einsam wirkt sein Rufen wohl deshalb, weil der Vogel nicht mehr optisch, sondern nur noch akustisch wahrgenommen wird. Der Bindestrich bricht den Vers und damit den syntaktischen Bezug zum lyrischen Ich ab und lässt die Einsamkeit in der Weite des Strandes nachkleingen.
V. 12: Die Präteritumform „[s]o war es" öffnet den zeitlichen Bereich der Vergangenheit; die (nicht mehr sichtbare) Ausdehnung des Raumes wird in „immer schon" zur weiten Ausdehnung der Zeit.

Strophe 4

V. 13 f.: Im Kontrast dazu steht die punktuelle, erneut auf die Gegenwart verweisende adverbiale Angabe „[n]och einmal" (vgl. „nun", V. 1); die akustisch wahrnehmbaren Geräusche reduzieren sich, werden „leise" und verstummen schließlich, enden also wie zuvor die optische Wahrnehmung. Das etwas unheimlich konnotierte Verb „schauern" korrespondiert in seiner Unbestimmtheit und Sachtheit mit „huschen" (vgl. V. 5).
V. 15 f.: Nach dem Eintreten völliger Stille in der Natur werden die „Stimmen [...] über der Tiefe" vernehmbar. Die Stimmen gehören in die im Verlauf des Gedichtes eröffneten Bereiche des Unheimlichen, des Traumhaften und – als die Stimmen Verstorbener – trotz der Präsensform des Prädikats („[v]ernehmlich werden") in den Bereich der Vergangenheit. „Tiefe" hat demnach sowohl eine räumliche wie eine zeitliche Dimension, die Vergangenheit hat die Gegenwart erreicht.

4 Es bleibt offen, ob das Ich über der Meerestiefe Stimmen von Toten, Geistern oder gar der leidenden Menschheit wahrnimmt. Ihre Äußerungen sind der Fantasie der Schüler überlassen: So könnten die geheimnisvollen Stimmen ihrem verlorenen Leben und Glück nachtrauern oder gar den lyrischen Sprecher bedrohen. (Vgl. Gerhard Kaiser: Im Geflüster der Stimmen oder vom Selbstgenuss der Verlassenheit. In: Marcel Reich-Ranicki [Hrsg.]: Frankfurter Anthologie 14/1991, S. 125.)

Erkenne dich selbst: Gespiegelte Möwen

M 17
Lösung

1

DIE MÖWEN

V. 1–4: Paarreim
Bild in der Luft

V. 5–8: Kreuzreim
Spiegelung des Bildes im Wasser

V. 9–12: umarmender Reim
Qualität der Spiegelung

DAS ICH

V. 13–16: Paarreim
Selbstbeschreibung: Reaktion des lyrischen Ich auf das Bild

V. 17–20: Paarreim
Selbstreflexion, Selbstzweifel

Möwenflug

Möwen sah um einen Felsen kreisen
Ich in unermüdlich gleichen Gleisen,
Auf gespannter Schwinge schweben bleibend,
Eine schimmernd weiße Bahn beschreibend,
Und zugleich in grünem Meeresspiegel
Sah ich um dieselben Felsenspitzen
Eine helle Jagd gestreckter Flügel
Unermüdlich durch die Tiefe blitzen.
Und der Spiegel hatte solche Klarheit,
Dass sich anders nicht die Flügel hoben
Tief im Meer als hoch in Lüften oben,
Dass sich völlig glichen Trug und Wahrheit.

Allgemach beschlich es mich wie Grauen,
Schein und Wesen so verwandt zu schauen,
Und ich fragte mich, am Strand verharrend,
Ins gespenstische Geflatter starrend:
Und du selber? Bist du echt beflügelt?
Oder nur gemalt und abgespiegelt?
Gaukelst du im Kreis mit Fabeldingen?
Oder hast du Blut in deinen Schwingen?

Die beiden Strophen des Gedichtes lassen sich jeweils – inhaltlich und im Blick auf die Reimstruktur – in Quartette unterteilen.

2 Vergleich von Meyers *Möwenflug* mit Storms *Meeresstrand*

Storm: Meeresstrand	Vergleichsaspekt	Meyer: Möwenflug
• singulärer, zielgerichteter Flug nur einer Möwe „[a]ns Haff" (V. 1) • nur einen Vers umfassende Darstellung	a Flug der Möwe(n)	• „unermüdlich[es]" (V. 2), nicht endendes Kreisen mehrerer Möwen auf immer gleicher Bahn • ausführliche und kunstvoll gestaltete Darstellung in 4 bzw. 12 Versen
• kein reflexiver Gebrauch von „spiegeln" (vgl. V. 4), keine Spiegelung eines bestimmten Gegenstandes • stattdessen: Erzeugen eines vom „Abendschein" (V. 4) diffus beleuchteten Zwischenbereichs „[ü]ber" (V. 3) das feuchte Watt hin	b Spiegelung	der „grüne Meeresspiegel" (vgl. V. 5) in eindeutiger Funktion als „Spiegel" (V. 9), der den Flug der Möwen um den Felsen identisch und klar abbildet
• geheimnisvoll, etwas unheimlich • wegen der hereinbrechenden, allmählich die Sicht trübenden Dämmerung und des zunehmenden Schweigens der Natur	c Atmosphäre	1. Strophe: hell, luftig-leicht, 2. Strophe trotz klarer und (über)deutlicher Sicht: „Grauen" (V. 13) erregend und „gespenstisch" (vgl. V. 16) wegen der Selbstzweifel des lyrischen Ich
einmaliges Auftauchen in der Mitte des Gedichts als hörendes Ich (vgl. V. 9)	d sprachliche Präsenz des lyrischen Ich	das gesamte Gedicht dominierendes Ich als sehendes, sich selbst reflektierendes und infrage stellendes Ich, am Ende in der Selbstanrede „du"
kaum Bezug zwischen Natur und einsamem lyrischen Ich, das nach kurzem Auftauchen wieder verschwindet	e Verhältnis lyrisches Ich – Natur	Natur in untergeordneter Funktion als Spiegel des Ich

M 18 Winterbilder

Lösung

1 Brueghel: *Winterlandschaft mit Vogelfalle* (1601)
Das Bild zeigt den Blick auf ein winterliches Dorf, dessen Bewohner sich auf dem Eis des zugefrorenen Flüsschens vergnügen und beispielsweise Eisstock schießen oder Schlittschuh laufen. Am Horizont der verschneiten Landschaft ist im Dunst eine Stadt zu erkennen, das Dorf in seiner idyllischen Lage und Geschlossenheit vermittelt das Gefühl von Geborgenheit. Diese heiter-heimelige Atmosphäre wird etwas infrage gestellt durch die (namensgebende) Vogelfalle rechts im Vordergrund. Bemerkenswert sind außerdem die zahlreichen (fliegenden) Vögel.

Van Gogh: *Winter: Die Ebene von Chailly* (1890)
Die schneebedeckte Weite ist menschenleer. Egge und Pflug, die die Anwesenheit von Menschen (während der Erntezeit) bezeugen, stehen wie vergessen auf dem Feld und heben die Verlassenheit der Landschaft hervor. Belebt wird sie einzig durch schwarze, unheilvoll wirkende Krähen, die auf dem Boden sitzen bzw. in Schwärmen über den Himmel ziehen.

2 Vermutlich würde der Großteil der Schüler den Aufenthalt in der Szenerie Brueghels vorziehen und dies erstens mit dem Spaß an winterlichen Vergnügungen aller Art und zweitens mit dem Zusammensein in der Gruppe begründen.

M 19 Die Welt: ein Tor ins Nichts – Nietzsche: *Vereinsamt*

Lösung

Auch in den Gedichten um den Jahreszeitentopos des Winters ist – in bewährter lyrischer Tradition – die winterliche Landschaft bildliche Figuration für die Befindlichkeit des Sprechers. Nietzsches Gedicht begegnet auch unter dem Titel *Der Freigeist,* der mehr den Weg der Selbst- und Wirklichkeitsfindung des Philosophen akzentuiert.
Die hier vorgeschlagene Lesart fokussiert stärker die Begegnung von Welt und Subjekt und dessen Blick auf die Natur.

1 a Die größere Zahl von Bildelementen spricht wohl für das Gemälde van Goghs:

- Der Betrachter steht „vereinsamt" (vgl. Titel) in der menschenleeren Landschaft.
- Krähen ziehen in Schwärmen vorüber (vgl. V. 1 f.), die vor der unruhigen Struktur des Himmels sogar zu schwirren (vgl. V. 2) scheinen.
- Der Blick „rückwärts" (V. 6) und die Trauer über einen Verlust (vgl. V. 11 f.) spiegeln sich in den verlassenen, liegen gebliebenen Gerätschaften wider, die vergangene Gemeinschaft und Aktivität bezeugen.

Das Brueghel-Bild zeigt nur wenige Parallelen zu Nietzsches Gedicht; einiges widerspricht geradezu der Aussage des Textes:

- Auch hier fliegen zwei Krähen.
- Das hübsch gelegene Dorf vermittelt den Eindruck von Geborgenheit und „Heimat“, die dem Sprecher des Gedichtes fehlen.
- Die meteorologischen Gegebenheiten (Schnee, Eis, Kälte) stimmen hier – anders als bei van Gogh – eher mit dem Gedicht überein.
- Die auf dem Eis sich vergnügenden Menschen verkörpern die Gegenwart, das freudige Sein in der Welt, das dem Sprecher des Gedichtes verloren ging.

b Konventionelle Form:
Jeweils vier jambische Verszeilen bilden sechs metrisch gleiche Strophen. Sie sind durchweg aufgegliedert in je zwei (syntaktisch bzw. semantisch zusammengehörende) Verspaare aus einem zweihebigen und einem vierhebigen Vers. Der Wechsel von kurzen und langen Zeilen prägt den drängenden Rhythmus. Das Kreuzreimschema gibt Geschlossenheit.

Gedankliche Konstruktion:
Zwei Rahmenstrophen (1. und 6. Strophe) umschließen vier Binnenstrophen (2. bis 5. Strophe).

c Befremdliche Wendungen und ihre Wirkung
Die Schülerantworten können variieren. Höchstwahrscheinlich genannt werden:

- „schwirren Flugs“ (V. 2): Das aus dem Verb „schwirren“ neu gebildete Adjektiv „schwirr“ vermittelt den Eindruck von Unordnung und die Stimmung tiefster Verunsicherung.
- „Flieg, Vogel, schnarr“ (V. 17): Das im Imperativ gebrauchte Verb „schnarren“ ergibt ein sehr unangenehmes, unschönes Klangbild von atonaler Disharmonie.
- Die an sich selbst gerichtete Aufforderung des lyrischen Ich, sein „blutend Herz in Eis und Hohn“ (V. 20) zu verstecken, hat etwas Gewaltsames und vereint unterschiedliche Bildbereiche (Winter, menschliche Feindseligkeit), die kaum zusammenpassen wollen. Die ungewöhnliche Metaphorik artikuliert die seelische Verwundung und das Ausgestoßensein des Sprechers.

2 a Motiv der Krähen und Darstellung der Räume
V. 1: „Die Krähen schrein“ – Die unheilvoll schwarzen Vögel erinnern an Tod, Vergänglichkeit und Einsamkeit, ihr schmerzliches Schreien erfüllt die Luft mit quälender kreatürlicher Angst.

V. 2–4: „Und ziehen schwirren Flugs zur Stadt: / Bald wird es schnein. – / Wohl dem, der jetzt noch Heimat hat!“ – Der durch das Attribut zunächst ziellos und verunsichert wirkende Krähenschwarm fliegt in Richtung Stadt; der abschließende Doppelpunkt und der folgende Vers erklären das Verhalten der Tiere: Instinktiv wissen sie um den bevorstehenden Wintereinbruch und bringen sich vor der Kälte in Sicherheit. Der nun folgende Gedankenstrich markiert den Umschlag von der reinen Naturbetrachtung hin zur menschlich-existenziellen Bedeutung: In Anlehnung an die (dem Altphilologen Nietzsche geläufige) römische Kultpraxis der Auspizien begreift der Sprecher Richtung und Art des Vogelflugs als Vorzeichen künftigen Unheils. Im elegischen Ausruf anerkennt er den Wert von „Heimat“, dem Sicherheit, Wärme und Geborgenheit implizierenden Gegenbild zur Heimatlosigkeit der drohenden Winterwelt.

V. 7 f.: „Was bist du Narr / Vor Winters in die Welt entflohn?“ – „Welt“ ist hier der Gegenbegriff sowohl zu „Heimat“ als auch zu „Stadt“. In der Vergangenheit hatte sich der Sprecher entschieden, aus einem ihn beengenden Raum (Heimat? Stadt?) in die eine Art der Freiheit garantierende „Welt“ zu fliehen, eine Entscheidung, für die er sich selbst nunmehr als „Narr“ beschimpft.

V. 9 f.: „Die Welt – ein Tor / Zu tausend Wüsten stumm und kalt!“ – Die „Welt“ erweist sich nicht als Ort dauerhaften Aufenthalts, sondern als Durchgangsbereich, als (vielleicht verheißungsvolles) „Tor“, hinter dem sich unzählbare endlose, leblose Wüsten erstrecken, die den Sprecher stummer, eisiger Einsamkeit aussetzen.

V. 15 f.: „Dem Rauche gleich, / Der stets nach kältern Himmeln sucht.“ – Der Selbstvergleich des Sprechers mit Rauch, der in immer kälter werdende Himmel (Plural!) aufsteigt, setzt die horizontale Ausdehnung unendlicher Wüsten im Vertikalen fort: Auch im Metaphysischen findet der Sprecher demnach keine Heimat. (Dass er dies im Übrigen auch nicht möchte, zeigt das Verb „sucht“.)

V. 17 f.: „Flieg, Vogel, schnarr / Dein Lied im Wüstenvogel-Ton!“ – In der Selbstanrede setzt sich der Sprecher mit einem Vogel gleich. Er fordert sich selbst auf, fliegend (wie die Krähen in Strophe 1) die Erstarrung zu überwinden und das Schweigen der Wüsten zu durchbrechen, nicht etwa mit einem Schrei (wie in Strophe 1), sondern immerhin mit einem Lied, dessen atonal-disharmonisch schnarrender „Ton“ der Wüste entspricht.

V. 24: „Weh dem, der keine Heimat hat.“ – Die Abweichung in der ansonsten identischen Rahmenstrophe hebt im klagenden Gestus die Unbehaustheit des modernen Menschen ganz besonders hervor.

b Goethe, *Maifest*: Die frühlingshafte, mit Liebe und Segen erfüllte Welt in ihrer Ganzheit und Schönheit ist der absolute Gegenpol zu den in Einsamkeit erstarrten, explizit unschönen Eiswüsten bei Nietzsche.

Goethe, *Auf dem See*: Ganz anders als bei Nietzsche ist die Welt hier als nährende, gute Mutter Natur in inniger Symbiose mit dem Sprecher dargestellt. Goethe und Nietzsche gemeinsam ist der Aspekt der Welt als Garantin der Freiheit, die jedoch bei Goethe belebend und erfrischend wirkt, bei Nietzsche hingegen in der radikalen Form des Freiseins von absolut allem auftritt.

Brentano, *Sprich aus der Ferne*: Bei Brentano wie bei Nietzsche bewegt sich der Sprecher (in kosmischer Dimension) in gewisser Distanz zur Welt, die bei Brentano in freundlicher Gemeinschaft und im Gespräch überwunden wird, während die kalten, stummen Wüstenwelten das Subjekt bei Nietzsche immer weiter treiben.

Eichendorff, *Wem Gott will rechte Gunst erweisen*: Ganz anders als Nietzsche, dessen „Himmel" nur immer kälter werden, geht Eichendorff in seinem Gedicht von der Existenz Gottes aus. Gemeinsam ist den beiden Texten der Aufbruch in die „weite Welt". Doch während die Wanderschaft des Taugenichts eine Gunst Gottes ist, die ihn durch die wohlgeordnete Schöpfung führt, ist die Wanderschaft durch das Winter-Nichts bei Nietzsche selbst gewählt und zugleich Fluch.

3

A	Es fehlt das Ziel	V. 10, 16
B	• Einsiedler • im Abseits, im Außerhalb • Wahrsagevogel-Geist • *zurückblickt*	Titel, V. 8 V. 8, 10 V. 1 f., 18 V. 6
C	er ist *Tier* geworden, Tier er rollt immer schneller ins Nichts?; *durchbohrende*	V. 17 V. 12 V. 20

M 20 L'art pour l'art: Natur als Farblieferant für die Kunst

Lösung

1 a Der in der männlichen Kadenz des Eingangsverses besonders stark betonte Imperativ „**schau**" (V. 1) fordert geradezu gebieterisch die **optische Wahrnehmung** des Parkes.
Hell-Dunkel-Kontrast und andere Lichteffekte: Weiher und Pfade sind „[e]rhellt" (V. 4), auch von „[S]chimmer" (V. 2) ist die Rede.
Perspektive/Spiel mit Nähe und Ferne: Der Blick wird von der Ferne (vgl. V. 2) und der Weite des Himmels (vgl. V. 3) auf die nahen Details wie etwa die (recht kleinen) Blüten der Astern (vgl. V. 9) gelenkt.
Farben: Einige der genannten Farben wirken (wohl aufgrund der Beleuchtung) sehr klar, so etwa das Blau des Himmels (vgl. V. 3) und der Purpur der Weinranken (vgl. V. 10), andere hingegen gleichsam impressionistisch verwischt, wie etwa das Gelb und das Grau der zweiten Strophe. Bemerkenswert ist die sprachliche Gestaltung: Die Farben sind nicht als Adjektive in attribuierender Funktion einem Substantiv beigeordnet, dienen also nicht lediglich dazu, einen Baum näher zu beschreiben. Vielmehr haben sie sich zu Substantiven verselbstständigt, werden selbst in ihrer Farbqualität sehr genau durch ein Adjektiv bestimmt („tiefe[s]" Gelb, „weiche[s]" Grau, V. 5) und haben sich von den farbgebenden Naturelementen getrennt: Birken und Buchs werden erst im nächsten Vers genannt.

b Imperative, mit denen sich der Sprecher an ein angesprochenes Du wendet, dominieren die Grundhaltung des Gedichtes. Das Gedicht beginnt mit den rhythmisch stark betonten Imperativen „[k]omm […] und schau" (V. 1), die das Gegenüber in den Park einladen und mit deiktischer Geste (und mit entsprechenden deiktischen Wörtern wie „[d]ort", V. 5, und „diese", V. 9) zur Naturbetrachtung auffordern.
Von der bloßen Naturbeschreibung in Strophe 1 unterscheiden sich die Strophen 2 und 3: Hier fordern die Imperative menschliches Tun. Zunächst gilt es, die Farben der Bäume aufzunehmen (vgl. V. 5 f.). Die „[d]ie späten [R]osen" betreffenden Handlungsanweisungen erinnern an ein symbolisches Ritual: Der Ausführende soll sie auserwählen (der Imperativ des sonst meist im Partizip „erlesen" gebrauchten Verbs ist ungewöhnlich) und küssen, bevor er „den Kranz" flicht. Das Kranzflechten ist demnach der Kern dieser weihevollen Handlung, die das restliche Gedicht bis hin zum Imperativ des letzten Verses „[v]erwinde leicht" (V. 12) bestimmt.

2 Poetologische Lesart: Wie schon die Überschrift des ersten Gedichtzyklus *Nach der Lese*, verweist die Aufforderung, Rosen zu „erlesen", auf die „Blütenlese" und damit (selbstreferentiell) auf die Gedicht-

sammlung, die dieses Herbstgedicht einleitet. Auch das Verb „lesen“ klingt an.
Das Bild des Kranz-Flechtens für Dichtkunst wird in seinen beiden Komponenten deutlich: Die Form des „Kranzes“ spiegelt das Arrangement des Gedichtzyklus wider, die Verflochtenheit ist u. a. in der vielgestaltigen, kunstvollen Reimstruktur realisiert. Das dem Flechten vorausgehende Ritual lässt das Dichten als weihevolle Handlung erscheinen (vgl. dazu auch Brentanos *Sprich aus der Ferne*, S. 18).
Die dritte Strophe nennt weitere Merkmale von Literatur: Der Imperativ „vergiss nicht“ thematisiert deren Erinnerungsfunktion; der Purpur der Ranken wilder Reben erweitert mit seiner majestätisch wirkenden Farbe und der Evokation von Wein (Eucharistie) die rituell-weihevolle Aura der Dichtkunst, die Ranken haben dem Flechten ähnliche, verknüpfende (= Text schaffende) Eigenschaften. Auch das Leben als Grundstoff wird – allerdings in reduzierter Form – in den Text-Kranz eingewoben.
Die Schlusswendung des „herbstlichen Gesichts“ (vgl. V. 12) spielt auf den von George propagierten Dichtertypus des Dichter-Propheten an und ist klanglich fast identisch mit dem Wort „Gedicht“.

3 Rolle der Natur im Gedicht

Aussagen	ja	nein
Der Park, in dem die natürlichen Elemente nach einem strengen Schönheitsplan umgeformt und komponiert sind, kann als Symbol der Kunst verstanden werden.	☒	☐
Im Mittelpunkt steht die genaue Beobachtung der Naturphänomene der herbstlichen Jahreszeit.	☐	☒
Die Natur bildet den Hintergrund für subjektive Erlebnisse und subjektives Empfinden.	☐	☒
Der Park ist Ort eines Rituals.	☒	☐
Die Natur liefert das Material für die künstlerische Praxis.	☒	☐
Die Natur ist Projektionsfläche für Gefühle des lyrischen Ich.	☐	☒
Die Natur ist ein alles durchdringendes organisches Lebenswunder.	☐	☒

Ein literarisches Stillleben in Blau

M 21
Lösung

1 **V. 1 f.:** In einem „So wie“-Vergleich werden Färbung und Beschaffenheit der trockenen, welken Blätter mit dem eintrocknenden Farbrest in „Farbentiegeln“ (Malerei!) gleichgesetzt. „Grün“ ist substantiviert.
V. 3 f.: Die „Blütendolden“ tragen „ein Blau“ nicht auf sich, sondern „spiegeln“ es nur von ferne. In der Bildlichkeit des Cézanne-Briefs bedeutet dies: Die Farbe Blau schafft es nicht, sich auf dem Kampfplatz „Blütendolde“ gegen das Grün durchzusetzen. Die Farbe „Blau“ (substantiviert und nun mit unbestimmtem Artikel) hat hier weniger materiellen, sondern beinahe ätherischen Charakter.
V. 5–8: Das von den Dolden gespiegelte Blau ist in seiner Position sehr schwach („verweint und ungenau“) und schwebt in Gefahr, durch andere (substantivierte) Farben, „Gelb [...], Violett und Grau“, verdrängt zu werden. Die blauen Dolden werden in einem „[W]ie“-Vergleich mit „alten blauen Briefpapieren“ verglichen.
V. 9 f.: Der Vergleich wird fortgesetzt: Die Farben in der Blütendolde haben das „Verwaschn[e]“, „Nichtmehrgetragn[e]“ einer abgelegten Kinderschürze an sich. Die Substantivierung der Partizipformen zeigt die zunehmende Tendenz zur Abstraktion.
V. 11: Die Bestürzung über die „Kürze“ „eines kleinen Lebens“ erinnert an die „Lebensgeschichte“ des Blaus in dem Cézanne-Brief.
V. 12–14: In einer plötzlichen Wende gegen die Melancholie und Schwäche des vorausgegangenen Verses scheint das Blau sich aufzuraffen, zu „verneuen“ (eine eigenartig abstrakte Wortbildung, die das Adjektiv „neu“ in ein Verb umformuliert) und sich vor dem Grün durchzusetzen. Hier sind die Farben nicht nur substantiviert (wie z. B. „ein Blau“, V. 3), sondern die Farbe selbst wird in der Sprache zum abstrakten Objekt: „ein [...] Blaues“, „vor Grünem“. Diese Technik der Abstraktion erinnert an die Abstraktion in der modernen Malerei (vgl. Manfred Engels [Hrsg.]: Rilke-Handbuch. Leben – Werk – Wirkung. Stuttgart 2004, S. 311).

2 Gemeint ist hier der Vanitas-Gedanke der Vergänglichkeit: „letzte“ (V. 1), „trocken“ (V. 2), „von ferne“ (V. 4), „verweint“ (V. 5), „verlieren“ (V. 6), „alt[e] [...] Briefpapier[e]“ (V. 7), „Verwaschnes“ (V. 9), „Nichtmehrgetragnes, dem nichts mehr geschieht“ (V. 10), „eines kleinen Lebens Kürze“ (V. 11).

3 a Es gibt kein lyrisches Ich, kein empfindendes Subjekt, sondern einen (sich nicht aussprechenden) Betrachter, der sich ausschließlich auf die möglichst genaue Wahrnehmung und Beschreibung der Farben konzentriert.
Dementsprechend nüchtern-sachlich ist die Wiedergabe des Wahrgenommenen, in sprachlich distanzierten Als-ob- (vgl. V. 6) und Es-scheint-Wendungen (vgl. V. 12), mit dem anonymen Pronomen „man“ als Subjekt in „wie fühlt man“ (V. 11) und „man sieht“ (V. 13).

b Trotz der Abwesenheit eines lyrischen Ich wird in der Sprache, in Wortschatz und rhetorischen Figuren der Bereich des menschlichen Lebens berührt, so etwa in Worten, die menschliche Emotionen aussprechen, wie „verweint“ (V. 5), „rührend“ (V. 14) oder „sich freuen“ (vgl. V. 14). Der Vergleich „wie in alten blauen Briefpapieren“ (V. 7) oder die Vorstellung einer verwaschenen, nicht mehr getragenen „Kinderschürze“ (V. 9) evozieren wehmütiges Erinnern. Damit werden innere Erfahrungen des Menschen mit einbezogen, ohne dass jedoch eine von der blauen Hortensie ablösbare symbolische Deutung möglich wäre.

M 22 Vermenschte Landschaft: Frühling im Expressionismus

Lösung

1 **Hugo von Hofmannsthal: Vorfrühling (1892)**

Es läuft der Frühlingswind
Durch kahle Alleen,
Seltsame Dinge sind
In seinem Wehn.

Er hat sich gewiegt,
Wo Weinen war,
Und hat sich geschmiegt
In zerrüttetes Haar.
[…]

Aus: Hugo von Hofmannsthal: Gedichte. Stuttgart: Reclam 2000.

August Stramm: Vorfrühling (1915)

Pralle Wolken jagen sich in Pfützen
Aus frischen Leibesbrüchen schreien Halme Ströme
Die Schatten stehn erschöpft.
Auf kreischt die Luft
Im Kreisen, weht und heult und wälzt sich
Und Risse schlitzen jählings sich
Und narben
Am grauen Leib.
[…]

Aus: August Stramm: Das Werk. Wiesbaden: Limes 1963.

2 Naturvorgänge in dem Gedichtauszug von August Stramm: In den (durch die Schneeschmelze entstandenen?) Pfützen spiegeln sich die schnell ziehenden Wolken; die ersten Grashalme wachsen aus der Erde; der Wind weht stark und böig; das erste Pflanzenwachstum verändert die Oberfläche der Erde.

Rainer Maria Rilke: Vorfrühling (1924)

Härte schwand. Auf einmal legt sich Schonung
an der Wiesen aufgedecktes Grau.
Kleine Wasser ändern die Betonung.
Zärtlichkeiten, ungenau,

greifen nach der Erde aus dem Raum.
Wege gehen weit ins Land und zeigens.
Unvermutet siehst du seines Steigens
Ausdruck in dem leeren Baum.
[…]

Aus: Rainer Maria Rilke: Sämtliche Werke. Frankfurt a. M.: Insel 1955.

3 Ausdrücke chaotischer, gehetzter Dynamik („jagen sich“, V. 1; „Im Kreisen, weht und […] wälzt sich“, V. 5), Schmerzensschreie („Aus […] Leibesbrüchen schreien“, V. 2; kreischen, vgl. V. 4; heulen, vgl. V. 5) und grausame Verletzungen („Risse schlitzen jählings sich / Und narben“, V. 6 f.), schließlich der an die feldgraue Uniform der Soldaten erinnernde „grau[e] Leib“ (V. 8) der Erde evozieren die Vorstellung von Krieg.
Die durch den Titel „Vorfrühling“ geweckte Lesererwartung einer mit herkömmlichen Motiven und Topoi dargestellten Landschaft, einer Naturszenerie in der Erwartung des ersten Grüns, erfüllt sich nicht. Stattdessen erinnert das nachwinterliche Landschaftsbild an ein Schlachtfeld, in dessen von Granaten aufgerissener Erde sich das Wasser in Pfützen sammelt und auf dem die grausam verletzten Leiber von Soldaten liegen.
(August Stramm fiel am 1. September 1915 an der Ostfront.)

Zwischen Kirschblüten und Albtraum: Georg Heyms Frühling

M 23
Lösung

1

Entspricht den gängigen Vorstellungen von Frühling	Widerspricht den gängigen Vorstellungen von Frühling
Strophe 1 • weiß blühende Kirschbäume • sich in die Ferne ziehender Feldweg • helle Zweige	Strophe 1 • Anschein der Gleichgültigkeit, wenige Regungen
Strophe 2 • kleiner Kirchturm mit klingendem Glöckchen • sanfter Wind • grüne Saat	Strophe 2 • Darstellung der Wolke als „düster“
Strophe 3 • pflügender Bauer mit zwei vorgespannten Stieren	Strophe 3 • Erscheinen des „Ackerers“ als großer „Dämon“ • Vergleich der Stiere mit schwarzen Riesen
Strophe 4 • Mühle am Horizont, vor der untergehenden Sonne	Strophe 4 • makaberes Spiel der personifizierten Mühle mit dem vermenschlichten Sonnen-„Kopf“

Beim Ausfüllen der Tabelle dürfte klar geworden sein, dass im äußeren Naturbild nichts der üblichen Vorstellung einer Frühlingslandschaft widerspricht. Schockhaft verstörend ist jedoch die Wahrnehmung der Natur durch das lyrische Ich, die in der drastischen Bildsprache deutlich wird.

2
- „Regungen der Furcht und des Schreckens“, albtraumhafte Natur: Diese Wendung lässt sich insbesondere auf die Gleichsetzung des pflügenden Bauern mit einem „Dämon“ (V. 11), den Vergleich der Stiere mit schwarzen Riesen (vgl. V. 10) und die „tief[e] Glut“ des Himmels (V. 11) beziehen, die die Vorstellung von Weltenbrand oder Höllenfeuer wachruft. Hinzu kommt die „düstr[e]“ (V. 5), „schwarz[e]“ (V. 10) Atmosphäre und die Perspektive von unten, die das pflügende Gespann derart riesenhaft und furchteinflößend wirken lässt.
- umfassende Verstörung der Natur, „die bis in kosmische Dimensionen reicht“: Die kosmische Dimension des Schreckens ist schon im ersten Terzett erkennbar: Der Ackerer „geht groß am Himmelsrand“ (V. 9), was die Vorstellung vom Ende der Welt vor einem bedrohlichen Abgrund evoziert. Noch albtraumhafter ist das Bild der Sonne als abgeschlagener Kopf (Strophe 4). Die personifizierte Mühle packt das blutige Haupt barbarisch am Haar und treibt ihr makaber-groteskes Spiel. Damit wird die Sonne, das lebenspendende, symbolgeladene Zentralgestirn, als Leichnam geschändet und als Spielball entwertet.

Flucht in die Natur: Die naturmagische Schule

M 24
Lösung

1 Die Aufgabe ist als diskursive Annäherung an den spezifischen Charakter der naturmagischen Lyrik gedacht. Das Ergebnis richtet sich folglich nach den Assoziationen und Empfindungen sowie der Argumentation der Schüler. Mögliche Aspekte sind beispielsweise:

magisch	realistisch
• das „Sprechen“ des Wortes „Mond“, das an einen Zauberspruch erinnert und tatsächlich das Erscheinen des Mondes bewirkt (vgl. V. 1)	• die plastische Beschreibung der vom Wind gekräuselten Oberfläche der Pfütze (vgl. V. 3)
• das schlagartige Zufrieren des Teiches als weitere Wirkung des Wortzaubers (vgl. V. 5 f.)	• die botanisch exakte Bezeichnung „Wasserhahnenfuß“ (V. 5)
• die Sonderstellung des lyrischen Ich, das sich offensichtlich selbst nicht zu den (bereits schlafenden) Sterblichen zählt (vgl. V. 10)	• die Darstellung kleiner Details wie der Schneckenspur auf einer Bretterwand (vgl. V. 9)
• die optischen Phänomene des Glänzens (vgl. V. 2) und Blitzens (vgl. V. 9)	

2

Natur-Texte der Tradition	Lehmann	Erklärung
Gott, der Herr, formte aus dem Ackerboden alle Tiere des Feldes und alle Vögel des Himmels und führte sie dem Menschen zu, um zu sehen, wie er sie benennen würde. Und wie der Mensch jedes lebendige Wesen benannte, so sollte es heißen. *(Gen 2,19, Einheitsübersetzung)*	„Ich spreche Mond. Da schwebt er" (V. 1) botanische Bezeichnung „Wasserhahnenfuß" (V. 5)	C
Es war ihr klein Köpfgen grün, Und ihr Cörperchen vergüldet, Ihrer klaren Flügel Par, Wenn die Sonne sie beschien, Färbt' ein Roth fast wie Rubin *(Brockes: Die kleine Fliege)*	„Krähennest" im Baum (V. 2) „Pfütze" mit sich kräuselndem Wasser (V. 3) „Wasserhahnenfuß" (V. 5) „Bretterwand" mit blitzender „Schneckenspur" (V. 9)	A
Es war, als hätt der Himmel Die Erde still geküßt *(Eichendorff: Mondnacht)*	„Diana öffnet ihren Schoß / Endymion" (V. 11 f.) „Einsame Pfütze schaudert / Und hält [den Mond] fest" (V. 3 f.)	B

M 25 Naturlyrik in „finsteren Zeiten"

Lösung

Brecht lehnt zu keiner Zeit Naturlyrik radikal ab. Jedoch ist Natur für ihn nie jenseits der gesellschaftlichen Wirklichkeit angesiedelt, sondern stets mit der aktuellen Situation konfrontiert. Die hier vorgelegten Texte konzentrieren sich auf die Zeit des Faschismus. Ebenso gut könnte man sich mit Naturgedichten beschäftigen, die Brechts – insbesondere seit dem Arbeiteraufstand am 17. Juni 1953 – zunehmende Kritik an den gesellschaftlichen Verhältnissen der DDR widerspiegeln.

Die Beschäftigung mit Natur, pars pro toto mit Bäumen, gerät in die Nähe des Verbrechens, weil sie die Allgegenwart von Unrecht und Gewalt ausblendet. Zu Zeiten von Faschismus, Diktatur und Vertreibung kann von Natur nicht als Zufluchtsort und heiler Welt gesprochen werden. Brecht sieht es als die Pflicht des Schriftstellers, sich kämpferisch, kritisch und in aufklärerischer Weise mit dem Zeitgeschehen zu befassen. Dabei wird jedoch die „Begeisterung" für die Schönheit der Natur – den „blühenden Apfelbaum" – nicht grundsätzlich in Abrede gestellt.

M 26 Ein Naturgedicht Brechts in finsteren Zeiten

Lösung

1 Das Gedicht lässt sich in zwei Abschnitte untergliedern: Der erste Teil (V. 1–8/9) schildert ein präzise beobachtetes, detailreiches Bild der Natur. Die auch im Titel benannte Jahreszeit des Frühlings vermittelt eine positive, zuversichtliche Grundstimmung: Erstes Grün und erste Blüten sind bereits zu sehen, auch die Birnbäume werden bald blühen, die Blätter der Kirschbäume austreiben (vgl. V. 2–4). Die fließenden Übergänge der Enjambements von Vers 1 bis Vers 5 vermitteln im Rhythmus die verhalten milde und weiche Frühlingsstimmung. Die Landschaft ist (typisch für Brecht) belebte Landschaft: Das kleine Segelboot evoziert die Anwesenheit von Menschen und bringt Bewegung in das Bild. Der „ferne Donner", der sich in das Gezwitscher der Stare mischt (vgl. V. 8 f.), lässt die Stimmung etwas bedrohlich werden, kann aber – gerade im Zusammenhang mit dem „Regengewölke" (V. 1) – als Naturphänomen aufgefasst werden.

Im zweiten Sinnabschnitt bricht die zeitgeschichtliche Realität dreifach gesteigert in das Frühlingsbild ein. Die Steigerung ist virtuos in Zeilenumbrüchen konstruiert. Der Abschnitt (V. 9/10–11) setzt mit dem Genitiv ein, der den „Donner" näher erklärt, der jedoch durch den Zeilenbruch abgetrennt ist und dadurch umso irritierender wirkt: Mit dem dumpfen Grollen nicht eines Gewitters, sondern „manövrierende[r] Schiffsgeschütze" (V. 10) dringt das Zeitgeschehen kriegerisch gewaltsam in das Naturbild ein. Im letzten – durch seine Kürze und einen weiteren Zeilenumbruch besonders betonten – Vers wird die drohende Gefahr historisch-politisch noch deutlicher präzisiert: Es sind die Aggressoren des „Dritten Reiches" (V. 11), deren mörderische Absichten alles überschatten. Diese historische Präzisierung schlägt den Bogen zurück zu dem mit der Jahreszahl 1938 versehenen Titel des Gedichtes.

2 Von den beiden Schlussversen her ist der erste Teil des Gedichtes erneut zu lesen, das vermeintlich hoffnungsfrohe Frühlingsbild hat nun andere Züge: Vor dem konkreten Hintergrund der Kriegsvorbereitungen des Naziregimes wird die geschilderte Wetterlage zur Metapher für die unaufhaltsame Verdüsterung der politischen Lage; der Garten (der Zufluchtsort) ist „noch" ein sicherer Ort, jedoch wie lange noch? Das kleine Segelboot schließlich wirkt hilflos und ausgeliefert gegenüber der herannahenden Übermacht der Kriegsschiffe. Damit hat Brecht seinen Anspruch eingelöst: Die Landschaft entpuppt sich als zutiefst durchdrungen von den Schrecken der Zeitgeschichte.

In diesem Getto sind Bäume verboten

M 27
Lösung

1 Baum als Pflanze (vgl. Z. 2 f.); Markierung für Erinnerung (vgl. Z. 8–11); Ursprung von Blätterrauschen (vgl. Z. 14–17); Nutzpflanze (vgl. Z. 17 f.), Schattenspender (vgl. Z. 18 ff.)

2 Kindheit: Sturz von Baum und Bruch verhindern Laufbahn als Geiger (vgl. Z. 29–39); erste Liebeserfahrung unter einem Baum (vgl. Z. 39–46); Ermordnung der Ehefrau unter einem Baum (vgl. Z. 46–50)

3 „Oder ist an ihm jemand Besonderer aufgehängt worden?" (Z. 10 f.), „obgleich Häuser oder Hochöfen weit größere Schatten abgeben" (Z. 20 ff.), „[...] ist meine Frau Chana unter einem Baum erschossen worden" (Z. 47 f.), Verbot von Bäumen im Getto (vgl. Z. 53–60);
Offenbar sollte den in den Gettos zusammengepferchten Juden alles genommen werden, was das Leben schöner macht. Das Verbot der Nutzpflanzen zielte vermutlich auch darauf ab, ihr Leben zu erschweren und eine abwechslungsreiche, gesunde Ernährung zu verhindern. Zudem kann man Pflanzen als Spender von Hoffnung betrachten, die die Nazis den Juden vorenthalten wollten.

Günter Eich – Botschaften der Natur?

M 28
Lösung

1 a Der Sprecher befindet sich wohl nahe einer Obstwiese, sein Blick richtet sich zunächst auf Pfirsich- und Pflaumenbäume. Er steht auf einer Brücke und blickt auf das Wasser, das unter dem Brückenbogen hindurch rauscht und (ein alter Topos) die Zeit versinnbildlicht. Schließlich blickt er nach oben, wo er am Himmel bzw. hinter dem Laubwerk einen Schwarm von Zugvögeln wahrnimmt.
Die zeitliche Situation ist bereits durch den Titel klar definiert. Dem „Ende eines Sommers" entsprechen auch die im Gedicht genannten natürlichen Vorgänge: Die sommerliche Pfirsichernte ist abgeschlossen, die sich färbenden Pflaumen kündigen die Nähe des Herbstes an, die Zugvögel sind in Richtung Süden aufgebrochen.

b Der Sprecher bedarf des Trostes. Sein Empfinden ließe sich unter dem modernen Begriff der „Herbstdepression" zusammenfassen. Gründe dafür sind ganz allgemein das Vergehen der Zeit und das Sterben des Menschen.

2 Trost spendende Naturdinge:

- die Bäume, denn sie haben am Sterben teil (vgl. V. 1 f.) → Der Sprecher findet Trost in der Schicksalsgemeinschaft mit den Bäumen, er fühlt sich ihnen verbunden und damit als Teil des großen Lebenskreislaufs.
- die Pfirsiche und Pflaumen, die reifen und geerntet werden können, während die Zeit verfließt (vgl. V. 3 f.) → Der Sprecher erkennt, dass ihn das Vergehen der Zeit nicht nur dem Tod näher bringt, sondern dass die eigene Lebenszeit auch „Früchte" hervorbringt.
- der Vogelzug, dem der Sprecher seine Verzweiflung anvertraut (vgl. V. 5) → Die Vögel erscheinen als Wesen, denen sich der Sprecher anvertrauen kann, die ihm die Last von der Seele nehmen und von ihm forttragen.
- der Vogelzug, der seinen Teil von der Ewigkeit gelassen abmisst (vgl. V. 6) → Auch den Vögeln ist, genau wie dem Sprecher, nur ein Teil der Ewigkeit zugemessen; sie jedoch verzweifeln nicht an ihrer Begrenztheit, sondern nehmen sie mit einer Gelassenheit hin, die dem Sprecher ein Vorbild sein kann.

→ Auf diese Weise getröstet entwickelt der Sprecher sein neues Motto: „Es heißt Geduld haben" (V. 10), also mit Geduld und Gelassenheit dem Tod entgegenzusehen, dessen „Geschmack" schon erahnbar ist (vgl. V. 12 und Anmerkung).

3 Die Deutung der letzten Verse (V. 11 f.) kann in Bezug auf die romantische Vorstellung einer Sprache der Natur gedacht werden.

a Die Sprache der Natur, deren Zeichen die Naturphänomene sind, bleibt rätselhaft und versiegelt und wird sich erst nach der Auslöschung des individuellen Ich im Tod offenbaren.

b Während dem Sprecher bei Eich die Bedeutung der Vogelschrift zu Lebzeiten verschlossen bleibt, genügt dem lyrischen Ich bei Lehmann die bloße Gegenwart des Vogels. Die Signatur eröffnet sich ihm mühelos, ja er kann sie sich sogar zu eigen („meine Signatur") machen.

M 29 Schläft ein Lied in den Dingen der Natur?

Lösung

1 Mind-Map zur Bedeutung der Metapher „blaue Häherfeder"

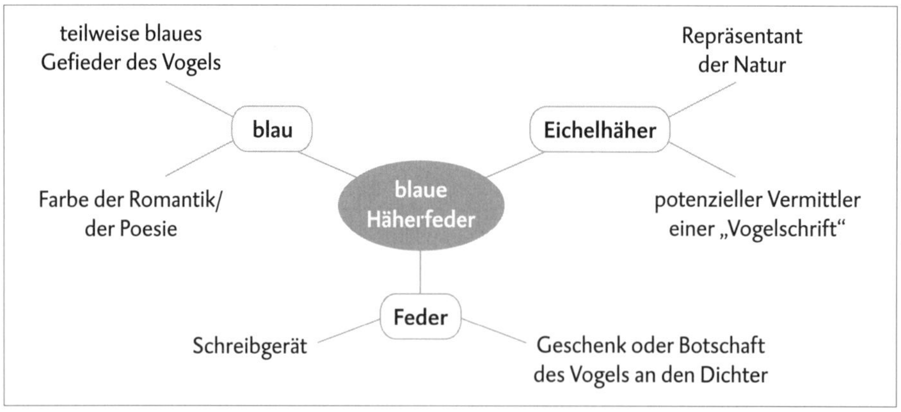

2 Folgende Aspekte des Gedichtes können in dem fiktiven Brief zum Ausdruck kommen:

- Der Sprecher fühlt sich in der Gegenwart des Eichelhähers bzw. in seinem Lebensraum, im Wald, dem Geheimnis der Natur zwar „näher" (V. 3), jedoch gelingt es ihm nicht, es mit dem Bewusstsein zu erfassen.
- Dies führt zu körperlichem (psychosomatischem?) Unwohlsein und Beklemmungsgefühlen.
- Das „Geheimnis" liegt ihm zwar auf der Zunge, aber er vermag nicht den passenden Ausdruck dafür zu finden, ja Eich bezweifelt grundsätzlich die Existenz dieses Wortes. Hier ist ein klarer Bezug auf Eichendorffs *Wünschelrute* zu erkennen und dessen Gewissheit, es gebe das Zauberwort, das der Dichter einfach nur treffen müsse.
- Eichendorff geht davon aus, dass das „Lied" bzw. der Sinn der Welt „in allen Dingen" liegt. Gerade das bezweifelt Eich, er „weiß nicht" (V. 9), in welchem der Naturdinge dieses Lied enthalten ist.
- Immerhin hat der Sprecher von der Natur eine Gabe erhalten, wenngleich etwas lieblos in den Sand geworfen: Nun liegt die Feder „schla[u]" (V. 15), zu ergänzen wäre: schlauer als der Dichter selbst, in seiner Hand. Deren Botschaft oder Sinn scheint sich dem ratlosen Dichter nach wie vor nicht zu erschließen. Ist es womöglich eine Aufforderung zu schreiben?

M 30 „Ich kann in keinem Weg mehr einen Weg sehen" – Ingeborg Bachmann

Lösung

1 Die individuell variierenden, unterschiedlich nah am Text formulierten Schülerlösungen bieten einen guten Ansatz, um die Bedeutung und Tragweite der Bachmann-Verse zu ergründen. Ein gegensätzlicher Titel könnte *Annäherung* oder *Einklang* sein.

2 a Franz von Assisi → **V. 7**

b Walther von der Vogelweide → **V. 8**

c Hohes Lied Salomos → **V. 3**

3
- Die von der Sprecherin beklagte Entfremdung von der Natur kommt zum einen in der sprachlichen Negation einer positiven Naturwahrnehmung zum Ausdruck („keine Bäume", V. 1; „nicht die Blätter", V. 2; „Früchte [...] ohne Liebe", V. 3; „sättigen nicht", V. 4; „keine Wiese", V. 8 etc. – vgl. Aufg. 1).
- Zum andern eröffnet das Aufrufen der literarischen Tradition eine bis in biblische Zeiten sich ausdehnende Dimension und gibt dem Gefühl der Entfremdung eine über die Gegenwart und das Individuum weit hinausreichende Tiefe. Die traditionellen Vorstellungen von der Natur – Geborgenheit, Ort der Liebe, Austausch mit ihr – gelten für das lyrische Ich nicht mehr.

„Die Erde will keinen Rauchpilz tragen“

1 **Abschnitt 1: V. 1–8 (Strophe 1 und 2)**
Die Tageszeit des Morgens wird als Erwachen des Tages dargestellt. Evoziert wird eine eher unspezifische Natur, die alle Bereiche (Luft, Land und Meer) umfasst. Die Grundstimmung in diesen beiden Strophen ist frühlingshaft verheißungsvoll, die Luft ist voll Liebesversprechen und Blumenduft.
Eine formal-sprachliche Klammer um diesen Teil bildet die anaphorisch im ersten und letzten Vers verwendete Präposition „mit“. Auch die Kürze des achten Verses markiert hier einen deutlichen Einschnitt.

Abschnitt 2: V. 9–12 (Strophe 3)
Abrupt und unerwartet bricht die historische Realität des Kalten Krieges in das Gedicht ein, dezidiert wird der Wille der Erde formuliert: Sie ist nicht bereit, atomares Wettrüsten und Atomversuche zu ertragen. Die Wiederholung des Pronomens „kein“ betont ihre ablehnende Haltung. Die Erde möchte zudem die „Stimmen des Verderbens“, die zu den „Liebesversprechen“ der vorausgehenden Strophe kontrastieren, mit ihren Mitteln abschaffen. Diese dritte Strophe zeigt als einzige eine negative Grundstimmung und -haltung, bestimmt von Zorn und Empörung („unerhör[t]“).

Abschnitt 3: V. 13–20 (Strophe 4 und 5)
War von der Menschheit bisher nur implizit, als Verursacher verantwortlich für den „Rauchpilz“ und vernehmbar in den „Stimmen des Verderbens“, die Rede, so sind in diesem Abschnitt die Menschen im Personalpronomen „uns“ explizit benannt.
Strophe vier führt das Motiv des Erwachens der Natur fort. Zum dritten Mal kehrt die anaphorische, strukturierende „mit“-Wendung wieder: Während sich jedoch im ersten Abschnitt die Präposition auf Pflanzen und Tiere bezog, liegt nun der Fokus auf den Menschen als Teil der Natur: „Mit uns“ will die Erde die Natur erwachen sehen. Nach dreimaliger Wiederholung wird nun das „mit“ durch „für“ ersetzt, das dadurch einen besonderen Akzent erhält und gewissermaßen die Leistungen der Erde für den Menschen, die Rolle der Erde als Gebende betont.

Abschnitt 4: V. 21–24 (Strophe 6)
Die Strophe setzt mit der Wiederholung der Wendung „Die Erde will“ (vgl. V. 9) ein. Genannt wird die Forderung, die die Erde in Anbetracht ihrer Leistungen und Verdienste für den Menschen stellt und die dem Gedicht den Titel gibt: die Forderung nach „freie[m] Geleit ins All / jeden Tag aus der Nacht“.
Damit wird das in der ersten Strophe exemplarisch vorgeführte und in der vierten Strophe variierte Thema des erwachenden Tages ins Kosmische übertragen und hin zur Ewigkeit vervielfacht.

2 Antragspapier der Erde mit ihren Forderungen
Die Erde fordert von den Menschen:

- sofortigen Stopp von atomarem Wettrüsten und Atomversuchen
- sofortiges Ende der Verderben bringenden Politik
- Sicherheit und Unversehrtheit als Planet auf seinem Weg durch das All

Dafür bietet die Erde den Menschen:

- gemeinsames Betrachten der erwachenden Natur
- Bereitstellen von Kostbarkeiten wie Korallen und Marmor
- Ruhe und Sicherheit (z. B. im Blick auf die Wälder)
- Schönheit der Natur

3 Grundlegend für das ganze Gedicht ist das rhetorische Mittel der Personifikation: Der Tag, die Natur, die Erde treten als Subjekte auf, Eigenheiten, Haltung und Forderungen der Menschen und der Gesellschaft sind auf die anthropomorphisierte Natur übergegangen.
Die im **ersten Abschnitt** evozierte Natur ist eine elementare. Sie umfasst die „rein[e] Luft“ (V. 7) mit Vögeln, Wind (vgl. V. 1 f.) und Düften (vgl. V. 8), das schäumende Meer, in das die Flüsse münden (vgl. V. 5) und das Bäume (vgl. V. 2) und Blumen (vgl. V. 8) tragende Land (vgl. V. 6). Dass der in **Strophe 1** personifizierte Tag zusammen „[m]it“ den „schlaftrunkenen“ Vögeln und den morgendlich zerzaust wirkenden Bäumen aufsteht, zeigt bereits die Grundhaltung der Gemeinschaftlichkeit. Das Meer leert einen schäumenden Becher auf den erwachenden Tag, lässt ihn gleichsam hochleben. Besonders auffällig in der **zweiten Strophe** sind die Alliterationen („wallen“ – „Wasser“, V. 5, und „Land legt Liebesversprechen“ – „Luft“, V. 6 f.), die den süßen Klang der Liebesversprechen realisieren. Die den ersten Abschnitt des Gedichts beschließenden Adjektive („rei[n]“, V. 7, und „frisc[h]“, V. 8) benennen den Zustand der Erde: Reinheit und Frische.
Die **dritte Strophe** zeigt die Erde als Subjekt, ausgestattet mit einem starken Willen und einer eigenen Haltung, nämlich Zorn und Empörung in Anbetracht einer Politik der atomaren Aufrüstung, hier angedeutet im „Rauchpilz“ (V. 9) und den „unerhörten Stimmen des Verderbens“ (V. 12). Zugleich bemüht sie sich um Gerechtigkeit allen Geschöpfen gegenüber (sie möchte „kein Geschöpf ausspeien“, V. 10).
Im **dritten Sinnabschnitt** wird die Beziehung zwischen der Natur und den Menschen in den Blick genommen. Die Umschreibung der genannten Tiere als Brüder und Schwestern (vgl. V. 13 f.) und das die **vierte Strophe** einleitende „Mit uns“ (V. 13) zeigt den Wunsch der Erde nach einem Verhältnis zwischen Natur und Menschen, das von Brüderlichkeit

und Solidarität geprägt ist. Die gleichsam stellvertretend für die Elemente Wasser („Fisch“, V. 15), Luft („Nachtigall“, V. 15) und Feuer („Salamander“, V. 16) genannten Tiere sind mit hoheitlichen Titeln ausgestattet, die von Würde zeugen und Ehrerbietung und Respekt im Umgang verlangen.
In der **fünften Strophe**, die programmatisch mit der Wendung „Für uns“ beginnt, zeigt sich die Erde, in zwei sich kreuzenden Versen, den Menschen gegenüber als großzügig Gebende und Schützende: Auf ihr Geheiß hin offenbart sich den Menschen – exemplarisch in Korallen und Marmor (vgl. V. 17 und 19) – die Schönheit der Natur. Dabei spielt der Text mit der Bezeichnung für dessen Musterung und stattet den unbelebten Marmor (an barocke Tradition erinnernd) mit einer lebendig und stolz pulsierenden Ader aus. Außerdem setzt sich die Erde dafür ein, dass von den Wäldern und von der (noch glühenden) Asche keine Gefahr für den Menschen ausgeht, wobei sie dem Tau die Selbstdisziplin eines Asketen abverlangt. (Zu diskutieren wäre an dieser Stelle die Herkunft der Asche, ein eventueller Zusammenhang mit dem atomaren „Rauchpilz“ aus V. 9.)
In der **letzten Strophe**, die die Vorstellung vom Erdball auf seiner Bahn durchs All hervorruft, wird deutlich, dass die vom Rauchpilz und von der „unerhörten“ (V. 12)Politik ausgehende Gefahr die Erde als Planet bedroht. Das Gedicht klingt aus mit dem auf die Zukunft gerichteten Versprechen allmorgendlicher Schönheit, wie sie in der ersten Strophe exemplarisch vorgeführt wurde. In der die *Märchen aus 1001 Nacht* assoziierenden Wendung „tausend und ein Morgen“ (V. 23) deutet sich die Märchenhaftigkeit und wohl auch der utopische Charakter dieses Versprechens an.

4 Um Hans Magnus Enzensbergers Gedicht *Nänie auf den Apfel* (das von der Machart stark an Günter Eichs *Inventur* erinnert) als Fortsetzung zu Bachmanns *Freies Geleit* zu lesen, ist von folgender These auszugehen: Der Erde wurde „freies Geleit“ durch das All versagt, alles Leben auf dem Planeten wurde durch einen atomaren Schlag ausgelöscht.
Für diese These spricht zunächst der Titel, der die Textsorte der Totenklage benennt. Beklagt wird die in der zweiten Strophe mit dem Apfel gleichgesetzte Erde. (Die symbolische Gleichsetzung der Erde mit einem Apfel ist nicht neu, wie etwa Behaims „Erdapfel“ oder der „Reichsapfel“ als eines der mittelalterlichen Herrschaftsinsignien belegen.)
Dass die Stadt, das Haus, der Tisch und der darauf liegende Apfel unwiderruflich der Vergangenheit angehören, zeigt die lapidare Verwendung der Präteritum-Form bei den Prädikaten (vgl. V. 1–4). „Hier ruht das Land“ (V. 5) evoziert die Inschrift auf einem Grabstein. Der Schlussvers, der besagt, dass es „Esser von Äpfeln“ gab (V. 10) und folglich nicht mehr gibt, macht deutlich, dass die gesamte Menschheit ausgerottet wurde. Die „Esser von Äpfeln“ lassen zudem an die Ersten ihrer Art, an Adam und Eva, denken. So steht schließlich die Vorstellung des biblischen Sündenfalls und damit die Frage nach der Schuld im Raum.

M 32 Enzensberger: *das ende der eulen* – das Ende der Natur

Lösung

Enzensbergers *ende der eulen* steht stellvertretend für die Lyrik, die von den Sechzigerjahren bis in die Achtzigerjahre des 20. Jahrhunderts die Zerstörung der Natur beklagt bzw. kritisiert.
Ein im Zusammenhang mit dem Kalten Krieg drohendes nukleares Inferno, Atomreaktorunfälle (z. B. Tschernobyl), Ölpest oder schleichender Tod durch Giftunfälle (Seveso) führten zu einer ökologischen Endzeitstimmung. Das Gefühl, unaufhaltsam auf eine globale Umweltkatastrophe zuzutreiben, fand in dieser Art von Gedichten Ausdruck.

1 Schon im ersten Vers wendet sich der Sprecher explizit an ein Ihr; im zweiten Vers wird klar, dass diesem angesprochenen Kollektiv von Menschen, genau wie den übrigen Lebewesen und der gesamten Natur, das Ende sicher ist.
In der zweiten Strophe treten die angesprochenen Menschen, die das Sterben der Natur zu verantworten haben, nur implizit hinter den „[R]adarschirmen“ (V. 13), an den „[M]eldetischen“ (V. 15) und in den „[M]anöver“ (V. 20) veranstaltenden Fahrzeugen in Erscheinung.
In der dritten Strophe nimmt sich der Sprecher mit dem Personalpronomen „wir“ bzw. in der Wendung „ich spreche nicht mehr von euch [...] und von mir nicht“ (V. 28, 30) mit in die Gesamtheit der Menschen hinein, klagt die Angesprochenen jedoch auch direkt als „[P]lane[r] der spurlosen [T]at“ (V. 29) an.

2 Individuelle Schülerlösungen: Gegebenenfalls lässt sich der Gedichtvortrag auch als Wettbewerb veranstalten, bei dem die zuhörenden Schüler die Jury bilden und ein begründetes Urteil zu den jeweiligen Rezitationen abgeben. Die Präsentationen ließen sich auch als Ton- oder-Film-Aufzeichnung festhalten.

Sehnsucht nach fremden Flüssen und Städten – Naturlyrik in der DDR

1 Die Schüler werden sich bei der Abgrenzung der Verse stärker an syntaktischen Einheiten orientieren und dabei feststellen, dass manche Zusammenhänge (auch aufgrund fehlender Satzzeichen) unklar bleiben. Beim Vergleich mit der Originalfassung werden sie die zahlreichen Enjambements als typisch für das Gedicht erkennen. Diese formalen Besonderheiten finden im Verfließen und Verschwimmen von Grenzen ihre inhaltliche Entsprechung. Damit werden die Schüler für den „Sarah-Sound" sensibilisiert, so die Bezeichnung für die für Kirsch typische Art des lyrischen Sprechens, „die mehrdeutigen Satzstrukturen, die Atemlosigkeit, der die Satzzeichen zum Opfer fallen" (Bernd Lutz [Hrsg.]: Metzler Autoren Lexikon. 2. Aufl. Stuttgart: J. B. Metzler 1994. S. 467).

2 Erschließung des Gedichtes nach Leitfragen

		Strophe 1	Strophe 2	Strophe 3
a	**Wie ist die Sprecherin dargestellt? Was tut sie?**	Die Sprecherin liegt in heimischer Umgebung am See und betrachtet die Natur, die sie bis ins Detail wahrnimmt (sogar die Färbung der Fische, vgl. V. 3 f., und die Wölbung des Krähenflügels, vgl. V. 5). Die Perspektivität und Subjektivität des Geschilderten ist an den Dativen ablesbar („ich lieg dir am Rand", V. 1 – „du / Läßt mir Fische springen", V. 2 f.).	Die Sprecherin imaginiert sich gleichsam als Eingeborene in einer „fern[en]" (V. 11) Gegend, wo sie, bunte Röcke tragend und begleitet von einem „Äffchen", eine „Hütte" bewohnt (V. 18–20). Anders als in Str. 1 ist sie hier aktiv und in Bewegung: Sie möchte in ursprünglicher Weise den Verrichtungen des Alltags (Waschen der Kleider im Fluss, vgl. V. 20) nachgehen.	Der Rücken der Sprecherin schmerzt, ob vom Liegen (Str. 1) oder vom Wäschewaschen (Str. 2) bleibt unklar. Im zweiten Teil der Strophe wird sie zum Essen abgeholt.
b	**Wie ist der See dargestellt? Wie seine Umgebung? Was „tut" der See? Welche Tiere sind ihm zugeordnet?**	Der anthropomorphisiert dargestellte See verfügt über eigenes Bewusstsein und zielgerichtete Willenskraft, er „wählt" seine Umgebung aus „Kiefern und Laubwald Weiden und Birken" (V. 8); sie „rahmen" den See, der vom Ich wahrgenommene Naturausschnitt erscheint buchstäblich als Landschaftsbild. Dazu gehören auch die heimischen Tiere, Fische und Krähen. Die als „Gla[s]" (V. 10) beschriebene Wasseroberfläche wirkt reglos und starr, ruft zugleich die Vorstellung eines Spiegels auf.	Die einheimischen Bäume haben sich in „Palmenhaine" (V. 13) verwandelt, das Gewässer birgt Krokodile und Schlangen (vgl. V. 16), scheint somit in das tiefste Afrika versetzt. Der See aus Str. 1 hat sich verändert, er ist nun in langsamer Bewegung, einem „Flußarm ähnlich" (V. 15), sprengt den Rahmen der räumlichen Ausdehnung, da exotisch bunte Vögel „quellwärts" (V. 18) fliegen.	Der See liegt erneut „in anderer Landschaft" (V. 23), die sich durch die Nennung des Flusses Marne (vgl. V. 24) und durch Versatzstücke der entsprechenden Gegend („Stahlbrückchen", V. 25) sowie Lebensart („Fischsuppe", V. 27) als französisch zu erkennen gibt. Wie in Str. 1 ist der See/Fluss stark anthropomorphisiert dargestellt: „Er weiß alle" Landschaften (vgl. V. 23 f.), „er singt" selbstreflexiv sein eigenes Lied „[v]om See der zum Fluß wurde" (V. 28). Als Motivation für diese künstlerische Leistung wird die „Sehnsucht nach fremden Flüssen und Städten" (V. 29) genannt.
c	**Wie ist das Verhältnis der Sprecherin zum See dargestellt?**	Das Beieinander-Liegen mit dem direkt angesprochenen und als schön (vgl. V. 1) bezeichneten See lässt an die körperliche Nähe mit einem Geliebten denken. Ich und Natur verschmelzen, die „Wimpern" (V. 2) lassen sich (der Sprecherin oder dem „See Wasseraug", V. 1?) nicht eindeutig zuordnen.	Die Du-Anrede ist beibehalten, dabei wirken Fluss und Sprecherin hier verselbstständigt, die Beziehung zwischen den beiden wirkt fast pragmatisch.	Der Wechsel in der Rede von der 2. zur 3. Person zeigt die zunehmende Verselbstständigung der Fantasien. Die Sprecherin muss sich nicht mehr mit dem Ufer begnügen; der See, personifiziert als „schöner Bruder" (V. 26), nimmt sie im Kahn auf und geleitet sie zur Teilhabe am französischen *savoir vivre*. Die Grenzen einer fest abgesteckten Identität lösen sich auf: Die Wünsche und Eigenschaften des lyrischen Ich – schöpferisches Vorstellungsvermögen und die Sehnsucht, reisen zu können – werden dem See zugeschrieben.

3 Zu nennen ist zum einen das Thema Natur, das die Texte der Dichterin ebenso bestimmt wie ihre ursprüngliche Ausbildungsrichtung (Forstarbeiterlehre und Studium der Biologie), zum anderen das Thema Reisefreiheit, die ihr als DDR-Bürgerin lange Zeit verwehrt geblieben war.

4 Die Aufgabe geht zwar von den Überlegungen zu einer einzelnen Autorin, Sarah Kirsch, aus, zielt aber auf die Sammlung und Zusammenschau des bisher erworbenen Wissens zur Naturlyrik.
Aus dem Text von Kittstein lässt sich etwa folgende Liste mit Erscheinungsformen des Themen- und Motivkreises Natur erstellen:
Natur als:
- Utopie eines künftigen Zustandes der harmonischen Vereinigung von Mensch und Natur
- friedlicher Gegenbezirk zur mörderischen Welt der Menschheitsgeschichte
- Gegensphäre zur Betonstadt
- Sphäre des Bedrohlichen, Unheimlichen
- Vermittlerin von Zeichen und Botschaften
- Ort von Liebesleid und Liebessehnsucht
- Metapher für das Innere des Menschen
- Identifikationsangebot

M 34 Die Einsamkeit der Seegurke

Lösung

1 Gedanklicher Aufbau des Gedichtes in drei Abschnitten:
Abschnitt 1: Der erste der sieben Verse, der als einziger alleine steht, stellt in Form einer rhetorischen Frage die These der absoluten Einsamkeit in den Raum, die die Seegurke mit ihrem Dasein verkörpert.
Abschnitt 2: Die folgenden beiden Verspaare bestimmen die raum-zeitliche Situation der Seegurke genauer: Die auffällige Lautgestaltung („ahl"–„la") des „fahl schlammgrauen Boden[s] der Tiefsee" (V. 2) betont die Farblosigkeit wie das – für den Lebensraum der Tiefsee nicht bestimmte – Licht, das die Seegurke „so bleich" (V. 3) wirken lässt. (Nahe liegt die Assoziation mit dem Wort „totenbleich", was die „Kälte der Todesstille", V. 4, des nächsten Verspaares antizipiert.)
Das gnadenlose Licht geht von einer „Roboterkamera" (V. 3) aus, Inbegriff einer hoch entwickelten Technik, die die bisher verborgenen Bereiche der Natur schonungslos ausleuchtet.
Das nächste Verspaar macht sprachlich sinnfällig, dass es dem Wesen der Seegurke entspricht, in Stille und Finsternis eingehüllt zu sein. So ist der vierte Vers umrahmt von der Präposition „in". In der alles umgebenden Finsternis bleiben auch die syntaktischen Bezüge gewissermaßen im Dunkeln: Unklar ist, ob vor der Wendung „der Todesstille" noch ein „in" zu ergänzen ist, oder ob sie als Genitiv zu lesen ist, der „dieser Kälte" näher bestimmt. Fließend-verhüllend wirkt auch das Enjambement zwischen Vers vier und fünf. Die Formel für die unendliche Ausdehnung „von Ewigkeit zu Ewigkeit" (V. 5) gibt der Finsternis eine religiöse Dimension, die das Vordringen mit der Roboterkamera, das Durchbrechen der Stille in die Nähe eines sündhaften Frevels rückt.
Abschnitt 3: Mit der lapidaren Überleitung „Und dann" (V. 6) werden die „Ewigkeiten" in ihrer Dauer mit der Zeitspanne von „zwanzig Sekunden" (V. 6) kontrastiert. „[N]ackt und bloß", der schützenden Finsternis sowie ihrer Würde beraubt, ist die Seegurke verletzbar und hilflos den Blicken der Menschen ausgeliefert, „ausgesetzt" (V. 7). Waren die Menschen bisher nur im unpersönlichen „man" (V. 1) und als technisch-erfinderische und lenkende Kraft hinter der Roboterkamera zu erahnen, so treten sie in diesem letzten Abschnitt des Gedichtes zum einzigen Mal sprachlich, in dem Possessivpronomen „[u]nsern" (V. 7), in Erscheinung, bleiben dabei jedoch auf die „Augen" (V. 7) reduziert. Das die Augen attribuierende Partizip „nichtsahnen[d]" (V. 7) bezieht sich – in Rückbindung an den Eingangsvers – auf das Ausmaß der Einsamkeit jenes Tiefsee-Wesens, verweist darüber hinaus aber auch darauf, dass der Natur mittels hoch entwickelter Technik ihre letzten, ungeahnten Geheimnisse entrissen werden.

2 Auch diese Aufgabe dient (ähnlich wie die Aufgabe 4 zu Sarah Kirschs Gedicht *Schöner See Wasseraug*) dazu, bisher Gelerntes noch einmal zu reflektieren und zu rekapitulieren.
Es gilt zu begreifen, wie sich der Blick des Menschen auf die Natur – mithin die häufigste Art der Beziehung zwischen den beiden – gewandelt hat:
Vom freudig forschenden Blick auf die feine „Mechanik" der kleinen Fliege bei Brockes über das enthusiastische unmittelbare Erleben des Frühlings beim Goethe der Sturm-und-Drang-Zeit, das sich zur gelasseneren Haltung des reifen Subjekts (*Auf dem See*) entwickelt, hin zum Schimmern und Rauschen der nächtlichen Natur in der Romantik, die eher mit allen Sinnen erahnt als tatsächlich mit den Augen wahrgenommen wird (Brentano, Eichendorff). Denken ließe sich weiterhin an das gebieterische „Komm [...] und schau" in Georges „totgesagte[m] [P]ark", an die in abstrakte Farben sich auflösenden Naturdinge

der Jahrhundertwende (Rilke) oder an die Lyrik Brechts, der den Blick nie auf die Natur allein, sondern immer auch auf das politische Zeitgeschehen lenkt.
Mit Deterings *Seegurke*, erfasst vom „Blick" einer Hightech-Kamera, ist das andere Ende der Skala erreicht, die mit der Unmittelbarkeit des Naturerlebens in Goethes *Maifest* begonnen hatte.

Fand der Sprecher bei Brockes im entzückten Betrachten der bunt schillernden Fliege die Bestätigung einer planvollen göttlichen Weltordnung, so bleibt den Menschen nach dem kurzen, schockartigen Blick auf die Seegurke nur die Erkenntnis grenzenloser Einsamkeit.

Klausur 1

Schritt 1 Aufgabenstellung klären / erstes Textverständnis entwickeln

1 Operator „Interpretieren“: Auf der Grundlage einer genauen Analyse des Inhalts, der Form und der Sprache eines Textes sowie deren Wechselwirkung soll die Deutung des Textes erschlossen und mit gesicherten Verweisen auf den Text schlüssig dargestellt werden. Zusätzlich zu den textimmanenten Aspekten können der historische Kontext, die Zuordnung zu einer literaturgeschichtlichen Epoche und/oder gattungspoetologische Aspekte berücksichtigt werden.
Operator „Vergleichen“: Beim Vergleich zweier literarischer Texte sollen Gemeinsamkeiten, Ähnlichkeiten und Unterschiede der Texte nach vorgegebenen oder selbst gewählten Gesichtspunkten herausgearbeitet und abgewogen werden.

2 Die beiden Gedichte von Hebbel sind 1844 bzw. 1852 entstanden, in einer politischen Umbruchzeit zwischen Restauration und Revolution; jedoch lassen die Texte nichts von den historischen Verwerfungen erahnen, sondern widmen sich vielmehr konkret fasslichen Naturschilderungen. Die Lyrik des Realismus konzentrierte sich auf eine realistische, objektive Darstellung der Natur, die oft eine tiefer gehende, allgemeine Erkenntnis vermitteln sollte.
Beide Texte sind regelmäßig gebaut und mit ihren jeweils zwei Strophen relativ kurz. Es soll offenbar – wie auch der Titel andeutet – eine künstlerische Momentaufnahme, das „Bild“ einer Jahreszeit präsentiert werden.

3 *Sommerbild* bietet die subjektive Wahrnehmung eines lyrischen Sprechers: Das Verblühen und Vergehen der letzten Rose markiert den Übergang vom Sommer zum Herbst und regt das lyrische Ich dazu an, über die Vergänglichkeit als unabwendbare Gesetzmäßigkeit der Natur nachzudenken. Die Todgeweihtheit der Rose lässt es schauern (vgl. V. 3). In der zweiten Strophe tritt der Sprecher hinter den geschilderten Naturvorgängen zurück: Er scheint sich in die Endlichkeit alles Lebenden zu fügen.

Schritt 2 Gedankengang gliedern und Inhalt erfassen (1. Teilaufgabe)

4
- Die erste Strophe beschreibt eine Bewegung von der konkreten Naturbeobachtung hin zur Reflexion über das Leben. Die zweite Strophe setzt dann die Naturbeschreibung fort, deutet allerdings in der Personifikation der Rose („sie empfand es“, V. 8) den Rückschluss auf eine tiefere Erkenntnis an.
- Zutreffend ist Deutungshypothese 4 (vgl. V. 3 f.).

Schritt 3 Form und Sprache analysieren und deuten (1. Teilaufgabe)

5
- zwei Strophen à vier Verse
- Kreuzreim mit männlichen Kadenzen
- 5-hebiger Jambus
- Abweichungen in der Betonung der ersten Silbe: „Da sprach ich“ (V. 3) verweist auf den Übergang von der Beobachtung zur Reflexion; Unruhe durch betontes „Doch“ (V. 7) entspricht der durch den Flügelschlag des Schmetterlings erzeugten Bewegung
- ein Enjambement (V. 7/8) bildet die Flugbewegung des Schmetterlings ab

6
- Der Ausruf „So weit im Leben, ist zu nah am Tod!“ (V. 4) klammert in einer Antithese Leben und Tod zusammen; auch der Farbkontrast zwischen weißem Schmetterling und blutroter Rose bildet eine implizite Antithese.
- Auffällig ist die Übertragung menschlicher Eigenschaften und Verhaltensweisen auf die Rose; in Form eines Vergleichs (vgl. V. 2) wird ihre Farbe mit der Fähigkeit, zu bluten, in Beziehung gesetzt; in V. 8 wird ihr die Empfindung der Luftbewegung zugeschrieben. Durch diese personifizierenden Stilmittel wird die Brücke vom Vergehen der Rose zur allgemeinen, auch menschlichen Vergänglichkeit geschlagen.
- Die Alliteration „Hauch […] heißen“ (V. 5) fängt die Stimmung des drückenden Hochsommertags ein; die *ei*-Assonanz („h*ei*ßen“ – „l*ei*se“ – „w*ei*ßer“, V. 5 f.) spiegelt auf klanglicher Ebene den sanften Flug des Schmetterlings.

Schritt 4 Den Vergleich vorbereiten (2. Teilaufgabe)

7/8 Gedichtvergleich

	Sommerbild	*Herbstbild*
Äußere Form	2 Strophen mit je vier Versen 5-hebiger Jambus; Kreuzreim männliche Kadenzen Abweichungen in Betonung (V. 3, 7)	2 Strophen mit je vier Versen 5-hebiger Jambus; Kreuzreim männliche Kadenzen Abweichungen in Betonung (V. 1, 6): Hervorhebung des Demonstrativpronomens „Dies“
Sprachliche Auffälligkeiten	Vermenschlichung der Rose (Vergleich, V. 2; Personifikation, V. 8) Antithesen (Leben – Tod, V. 4; rote Rose – weißer Schmetterling, V. 2, 6) elliptischer Ausruf (V. 4) fasst Grunderkenntnis in Worte	Vermenschlichung der Natur, die feiert (vgl. V. 5); reflexives Verb: Lese hält sich selbst ab (vgl. V. 6) Superlative (V. 1, 4) betonen Einzigartigkeit dieses Herbstes Parallelismus bzw. Anapher in V. 1 und 6 erzeugt feierlichen Gestus Verallgemeinerung „von jedem Baum“ (V. 4): Allgemeingültigkeit der Beobachtung
Klangliche Auffälligkeiten	Alliteration (V. 5): Heraufbeschwören der sommerlichen Hitze *ei*-Assonanz (V. 6): Sanftheit des Schmetterlingsflugs	Onomatopoesie („raschelnd“, V. 3) *a*-Assonanz (V. 2 f.): Ehrfurcht angesichts der herbstlichen Vollendung der Natur
Rolle des lyrischen Ich	Betrachter-Position („Ich sah“, V. 1); wird durch Naturphänomen zu philosophischer Reflexion angeregt Ich bleibt mit Erkenntnis allein	Betrachter-Position „[...], wie ich keinen sah!“ (V. 1); Herbst als Wendepunkt des Lebens; Wandel von „ich“ zu „man“ (V. 2); Zurücktreten des Sprechers angesichts der Feier der Natur Ich wendet sich mit Imperativ (V. 5) an Gruppe von Menschen; erzeugt weihevollen Ton
Gesamtdeutung	Melancholie, Betroffenheit angesichts der in der Natur ersichtlichen Vergänglichkeit und Sterblichkeit allen Lebens	feierlich-weihevolle, quasi religiöse Haltung angesichts der autonomen, zu voller Pracht heranreifenden Natur

Schritt 5 Einleitung und Schluss vorbereiten

9
- Ihr Einleitungssatz sollte alle wesentlichen Informationen des Gedichts *Sommerbild* benennen (Autor, Titel, Entstehungsjahr, Thema) und kann auch schon den zweiten, zum Vergleich heranzuziehenden Text einführen.
- Am Schluss der Ausführungen sollten noch einmal pointiert die Grundaussagen der beiden Gedichte einander gegenübergestellt werden (Erkenntnis der Vergänglichkeit anhand der Zerfallsprozesse in der Natur – bewundernde Andacht angesichts der reifenden, sich selbst vollendenden Herbstnatur).

Schritt 6 Den Aufsatz verfassen

10 individuelle Lösungen

11 **Ausformulierter Aufsatz:**

Interpretation von „Sommerbild“

Der Titel des von Friedrich Hebbel im August 1844 verfassten Gedichts *Sommerbild* verweist (wie auch derjenige von *Herbstbild*) auf eine künstlerische Verarbeitung der Natur.

Inhalt und Aufbau

Das Gedicht beginnt mit der subjektiven Wahrnehmung eines Naturphänomens, der letzten Rose des Sommers. Zeitlich lässt sich damit der Text auf der Schwelle vom Hochsommer zum Herbst, des Übergangs von höchster Blüte hin zum Absterben verorten. Der Anblick der Rose setzt beim Sprecher einen Reflexionsprozess in Gang und führt ihn zur Erkenntnis der Vergänglichkeit.

In der zweiten Strophe schließt sich ein weiteres Naturschauspiel an: Im leichten, durch einen vorbeiflatternden Schmetterling verursachten Luftzug verliert die Rose all ihre Blütenblätter. Damit wird die theoretische Erkenntnis der Vergänglichkeit in die Realität der Natur und zugleich ins Sinnbildhafte transponiert.

Strophen- und Reimform

Das Gedicht besteht aus zwei vierzeiligen Strophen mit Kreuzreim, dessen klangliche Verflechtung durch Assonanzen, Binnenreime und Alliterationen intensiviert wird. Die durchweg männlichen Kadenzen lassen die Aussage des jeweiligen Verses getragen-bedeutsam wirken. Zu einer Abweichung von diesem Betonungsschema kommt es durch das Enjambement (V. 7/8), das das Vorüberstreichen des Schmetterlings und die leichte Bewegung der Luft sinnfällig macht.

Metrum und Rhythmus

Der 5-hebige Jambus wird mehrfach durch die Betonung der ersten Silbe variiert: In Vers 3 markiert die Betonung „<u>Da</u> sprach ich“ den Übergang von der Naturbeobachtung zur Reflexion; durch das betonte „<u>Doch</u>“ in Vers 7 wird der Rhythmus in Unruhe versetzt – ebenso wie die ansonsten reglose Luft des heißen Tages durch den Flügelschlag des Schmetterlings.

Sprachlich-stilistische Gestaltung

1. Strophe

– Position des lyrischen Ich

Das lyrische Ich spricht sich bei der Wahrnehmung des Naturphänomens in seiner Subjektivität aus.

Das die optische Wahrnehmung implizierende Prädikat „Ich sah“ (V. 1) schließt sich folgerichtig an den Titel *Sommerbild* an. Es ist (wie das gesamte Gedicht) in der Zeitstufe des Präteritums formuliert, schildert also kein unmittelbares Naturerleben, sondern spricht aus der Distanz der Erinnerung.

– Vermenschlichung der Natur

Das Rot der letzten Rose des Sommers ist mit dem vergleichenden Zusatz „als ob sie bluten könne“ (V. 2) versehen. Der Vergleich überträgt Menschliches auf die Natur; „bluten“ assoziiert Verletzlichkeit, Schmerz und Schwinden der Lebenskraft.

– Erkenntnis des Sprechers

Die Rose in ihrer Schönheit und Verletzbarkeit bringt den Sprecher in direkter Konsequenz („Da sprach ich“, V. 3) dazu, die durch ihren Anblick gewonnene Erkenntnis auszusprechen: „So weit im Leben, ist zu nah am Tod!“ (V. 4) Diese sentenzhaft und als Ausruf formulierte Erkenntnis erhält durch den parallelen Aufbau der beiden Teilsätze und die antithetische Grundstruktur („[s]o weit“ – „zu nah“; „im Leben“ – „am Tod“) ihre besondere Aussagekraft und Allgemeingültigkeit.

Die Schönheit der Rose verweist (beinahe in barocker Tradition) auf die Vergänglichkeit der Natur und des Seins schlechthin. Die Flüchtigkeit und das Fortschreiten der Zeit zeigen sich im „Vorübergehn“ (V. 3) des Sprechers, das keinen Aufschub, kein Verweilen des schönen Augenblicks zulässt. Der Schauder, den das lyrische Ich – ebenso empfindsam wie die Rose – beim Vorübergehen verspürte, erweist sich letztlich als Schaudern beim Gedanken an den eigenen Tod.

2. Strophe

– klangliche Auffälligkeiten

Die zweite Strophe kehrt von der Reflexion des Sprechers wieder zur Natur zurück. Die Reglosigkeit in der drückenden Hitze des Hochsommer-Tages kontrastiert zum Vorübergehen des Sprechers (oder der Zeit) der ersten Strophe und wird in der *h*-Alliteration („Hauch […] heißen“, V. 5) sinnfällig. Der Eindruck dieses reglos heißen Sommerbildes wird „[n]ur leise“ (V. 6) durch ein weiteres Naturphänomen, einen vorbeiflatternden Schmetterling, unterbrochen. Die Sanftheit, mit der er beinahe liebevoll vorbeistreift, findet ihre klangliche Entsprechung in der schmeichelnden *ei*-Assonanz („h*ei*ßen“ – „l*ei*se“ – „w*ei*ßer“, V. 5 f.). Das Weiß des Schmetterlings ergibt vor dem Blutrot der Rose in Strophe 1 ein kontrastreiches Bild.

Der Flügelschlag des Schmetterlings verursacht eine – rhythmisch und metrisch hervorgehobene – Bewegung der Luft, die die Rose „empfindet" (vgl. V. 8): Noch einmal wird also menschliche Regung auf die Natur übertragen.

– Grundaussage

Das Gedicht endet mit seinem Hauptthema: „sie empfand es und verging." (V. 8) Das zweite Prädikat folgt so lapidar wie ausweglos nach dem ersten, die Vergänglichkeit zeigt sich darin als eine durch nichts aufzuhaltende Gesetzmäßigkeit.

Vergleichende Interpretation von „Herbstbild"

Inhalt und Aufbau

Auch Hebbels Jahreszeiten-Gedicht *Herbstbild* entfaltet in der ersten Strophe ein Naturbild. Dass an einem unvergleichlich schönen Herbsttag die Früchte vom Baum fallen, zeigt, dass auch in dieser Momentaufnahme – wie in *Sommerbild* – der Zeitpunkt des Umschlagens vom Ende des Wachstums zum Anfang der Vergänglichkeit festgehalten ist.

– Tonfall

– Position des lyrischen Ich

Ebenfalls wie im Sommergedicht ändert sich der Duktus des Sprechens: Ging der Sprecher im ersten Gedicht von der Anschauung der Natur zur theoretischen Reflexion über, so schlägt er hier in der zweiten Strophe einen feierlich-weihevollen Ton an. Unterschiedlich sind die beiden Gedichte auch in der Kommunikationsstruktur: Während das lyrische Ich in *Sommerbild* mit seiner lebensphilosophischen Erkenntnis der Vergänglichkeit alleine blieb, richtet es sich hier an eine größere Zahl von Menschen. Das jahreszeitliche Geschehen ist ihm nicht *memento mori*, sondern es begreift und verkündet es als „Feier der Natur" (V. 5).

Strophen- und Reimform/ Metrum und Rhythmus

Was die Form betrifft, sind die beiden Gedichte identisch aufgebaut. Auch hier werden zweimal, abweichend vom jambischen Muster, die Versanfänge betont, nämlich einmal zu Beginn des Gedichtes („Dies ist ein Herbsttag", V. 1) und ein weiteres Mal in Strophe 2 („Dies ist die Lese", V. 6). Die metrische Akzentuierung des Demonstrativpronomens hebt – ebenso wie die parallel gebaute Syntax – den fast priesterlichen Ton und den deiktischen Gestus hervor.

Eine weitere, wenngleich nicht so stark betonte metrische Variation findet sich in der Wendung „als atm*e*te man kaum" (V. 2): Das Atmen bleibt in seiner letzten Silbe unbetont, die Aussage findet in der Form ihre Entsprechung.

Sprachlich-stilistische Gestaltung

1. Strophe

– Herausstellen des Herbstes

Der erste Vers des Herbstgedichtes variiert das Prädikat des Sommergedichtes, der Sprecher scheint sich hier etwas zurückzunehmen, denn er tritt erst im zweiten Teilsatz in Erscheinung. Den Herbsttag, von dem hier die Rede ist, begreift er gleichsam als Gipfel dessen, was er bisher gesehen hat („Dies ist ein Herbsttag, wie ich keinen sah!", V. 1). Damit misst er diesem Herbsttag auch die Bedeutung eines Umschlagpunktes für sein eigenes Leben bei. Im großen Unterschied zum *Sommerbild* verwendet das Herbstgedicht die Zeitstufe des Präsens: Der Ausruf „Dies ist […]!" impliziert das Hier und Jetzt und vermittelt den Eindruck unmittelbaren Naturerlebens.

Die Stille der Luft, die bereits im ersten Gedicht begegnete, ist mit dem vergleichenden Zusatz „*a*ls *a*tmete m*a*n k*a*um" (V. 2) genauer umschrieben. Bemerkenswert ist hier die Veränderung des Pronomens vom „ich" in Vers 1 hin zum allgemeinen „man". Der durch die *a*-Alliterationen und -Assonanzen hörbar gemachte stockende Atem mag mit der Spannung und Ehrfurcht in Anbetracht des Naturschauspiels zusammenhängen.

– klangliche Auffälligkeiten

Die den Vers 3 einleitende Wendung „Und dennoch" hat ihre Entsprechung im „Doch" (V. 7) des ersten Gedichtes: Wurde im *Sommerbild* die Reglosigkeit der Luft durch den Flügelschlag des Schmetterlings in leichte Unruhe versetzt, so wird hier die Stille der Luft durch das raschelnde Geräusch der durch das Laub fallenden Früchte unterbrochen. Dass das (Klang-)Bild akustisch dadurch nicht gestört, sondern vielmehr ergänzt wird, zeigt die Fortsetzung der *a*-Assonanz („f*a*llen r*a*schelnd […] n*a*h", V. 3), wodurch der angehaltene Atem in das onomatopoetische Rascheln des Laubes und das Fallen der Früchte übergeht. Dies geschieht „fern und nah" (V. 3) und betrifft „jede[n] Baum" (V. 4). Damit hat jenes Naturgeschehen allgemeingültigen Charakter. Der in dem ersten Vers versteckt enthaltene Superlativ des bisher so noch nie gesehenen Herbsttages wiederholt sich explizit in der Superlativform des Adjektivs: „[d]ie schönsten Früchte" (V. 4). Der schmerzliche Grundton, der sich im ersten Gedicht in die Beschreibung des Naturgegenstandes, der Rose, mischte („als ob sie bluten könne, rot", V. 2), fehlt hier. Die Früchte bleiben in ihrer Pracht und Fülle uneingeschränkt.

2. Strophe
– Vermenschlichung der Natur

In der zweiten Strophe ändert sich der Duktus des Sprechens im Vergleich zur ersten Strophe wie auch im Vergleich zum Gedicht *Sommerbild.* Zwar bestimmte der Gestus des Ausrufs bereits den Eingangsvers des Gedichtes, neu ist jedoch der Imperativ in der Pluralform, der eine größere Zahl von Menschen anspricht. Ihnen gegenüber bezeichnet der Sprecher das in der ersten Strophe dargestellte Geschehen als „Feier der Natur" (V. 5). Damit wird, ähnlich wie in *Sommerbild,* Menschliches auf die Natur übertragen, nicht aber aus dem Bereich individueller Befindlichkeit (die Fähigkeit der Rose zu „bluten" und zu „empfinden"), sondern aus dem Bereich der menschlichen Gemeinschaft. Entsprechend geht es im *Sommerbild* auch nur um eine einzelne Rose, im *Herbstbild* hingegen ist die Rede von der „Feier der Natur" in ihrer Gesamtheit.

– Verhältnis Mensch – Natur

Den Angesprochenen wird Respekt, ja Pietät abverlangt, die im Gange befindliche (religiöse) Feier nicht zu stören. Bemerkenswert ist hier, dass Mensch und Natur sich nicht im Einklang (Annäherung würde „Störung" bedeuten), sondern vielmehr in Distanz zueinander befinden, ohne dass dies vom Sprecher als schmerzlich oder als Mangel empfunden würde. Auch ist die Feier der Natur keine pantheistische, die den Menschen in ihre All-Natur mit einschließen würde. In der reflexiven Wendung der „Lese, die sie selber hält" (V. 6), zeigt sie sich als in sich ruhendes, geschlossenes System. Erneut wird in der Bildsprache Menschliches auf die Natur übertragen. Zugleich jedoch wird der Mensch, auf dessen Nutzdenken der Begriff der „Lese" oder Ernte im eigentlichen Sinne beruht, ausgeklammert. Die Lese ist hier ein autonomer Akt, mit dem sich die Natur selbst vollendet.

– Grundstimmung/ Gesamtdeutung

Mit der kausalen Konjunktion „[d]enn" angeschlossen gibt der folgende Satz die Modalitäten der Feierlichkeit bzw. der sich selbst vollziehenden „Lese" (klanglich nah an „lösen") bekannt: „Denn heute löst sich von den Zweigen nur, / Was vor dem milden Strahl der Sonne fällt." (V. 7 f.) Die adverbiale Zeitangabe „heute" betont noch einmal die Außerordentlichkeit gerade dieses Herbsttages und stellt die Frage nach dem Gestern und dem Morgen (zumindest für den Moment) zurück. Damit ist die barocke Metapher, das Lebensmotto *Pflücke den Tag*, ganz in der Natur aufgegangen. Der „mild[e] Strahl der Sonne" (V. 8), vor dem die reifen Früchte feierlich zu Boden fallen, fasst die Stimmung des Herbstgedichtes zusammen: Der melancholische Grundton, der explizite Gedanke an Tod und Vergänglichkeit, der die Natur in *Sommerbild* überschattete und den Sprecher erschaudern ließ, ist einer von milder Sonne durchwärmten Andacht gewichen: Die Natur feiert sich selbst in ihrer Reife und Vollendung.

Klausur 2

Teilaufgabe 1

Titel

Der Titel von Bertolt Brechts 1928 entstandenem Gedicht *Über das Frühjahr* weckt zunächst ganz bestimmte Lesererwartungen, der Begriff „Frühjahr" impliziert Hoffnung auf Leben und Neuanfang. Zugleich wird eine bestimmte literarische Tradition aufgerufen.

Deutungshypothese

Tatsächlich geht es in dem Gedicht auch um die Naturerfahrung des Frühlings. Diese ist jedoch nur noch in der Erinnerung präsent und dient als Kontrast zur gegenwärtigen Erfahrung: der Entfremdung des Menschen von der Natur im Zeitalter von Industrialisierung, Technisierung und Verstädterung.

Form

Das reimlose Gedicht ist nicht in Strophen unterteilt. Es es erfährt seine Rhythmisierung und inhaltliche Akzentuierung vor allem durch die sehr unterschiedlichen Verslängen und Enjambements.

Redesituation und gedankliche Struktur

Ein kollektives Wir spricht sich aus, das sich als „Städter" identifizieren lässt (vgl. „unser[e] Städte", V. 13). Ganz klar ist auch die zeitliche Strukturierung des Gedichtes: Die Industrialisierung trennt als Einschnitt die Zeit in ein Davor und ein Danach. Die Sinneinheiten des Gedichtes entsprechen weitgehend den syntaktischen Einheiten. Im ersten Teil des Gedichtes (V. 1–14) überspannen die Sätze jeweils 4 bzw. 5 Verse. Im zweiten Teil (V. 15–22) steigert sich dann die Dynamik des Textes, denn die syntaktischen Einheiten umfassen jeweils nur mehr zwei Verse.

Erschließung und Interpretation

1. Satz: Unterschied gestern/heute bei der Naturwahrnehmung

Schon der – durch seine Kürze besonders betonte – erste Vers des ersten Satzes („Lange bevor") macht die Zeitstruktur deutlich. In sachlich-nüchternem Tonfall ist die Rede von der Schwelle, die zwei Zeitalter trennt. Die auf Chemie- und Schwerindustrie verweisende Reihung „Erdöl, Eisen und Ammoniak" evoziert die Vorstellung von riesigen Fabrikanlagen, verpesteter Luft und zerstörter Natur. Das animalisch anmutende Prädikat „wir stürzten uns auf" (vgl. V. 2) zeigt die Gier und Aggression der Menschen beim Kampf um den wirtschaftlichen Vorteil, die Natur ist nur mehr Objekt der Ausbeutung. Die vor diesem Einschnitt liegende Zeit basiert auf einem anderen Konzept, nämlich der zyklischen („in jedem Jahr", V. 3) Wiederkehr des „gewiß kommenden Frühjahrs" (V. 9). Die mit großer Intensität „unaufhaltsam und heftig grünenden Bäume" (V. 4) stehen in ihrer Position am Ende eines langen Verses parallel und inhaltlich damit in besonderem Kontrast zu der Aufzählung der abgestorbenen, verwerteten Natur in Vers 2.

2. Satz: Erinnerung an den Frühling

Wurde im ersten Sinnabschnitt das Frühjahr einem vergangenen – und damit verlorenen – Zeitraum zugeordnet, so wird es im zweiten Satz des Gedichtes (V. 5–9) als Bezugspunkt kollektiver Erinnerung („Wir alle erinnern uns", V. 5) identifiziert. In paralleler Reihung sind die (Genitiv-)Objekte des Erinnerns aufgezählt; die sehr kurzen und damit lange nachklingenden Verse machen die Ausdehnung der „[v]erlängerte[n] Tage" und des „[h]elleren Himmels" (V. 6 f.)hörbar und die Erinnerung präsent. Die Klangfarbe ist von hellen Vokalen (*e – ä – i*) dominiert, unterstrichen von der *H*-Alliteration des „[*h*]elleren *H*immels" (V. 7). Der letzte Vers dieses Satzes, der vom „ge<u>wiß</u> <u>kom</u>menden Frühjah[r]" (V. 9) spricht, erhält durch das Aufeinandertreffen der zwei betonten Silben besonderes Gewicht: Damals also, als es noch ein Frühjahr gab, gab es auch eine – sich zuvor im Adverb „unaufhaltsam" (V. 4) andeutende – Gewissheit über das Kommende. Solche (vergangene) Verlässlichkeit verweist implizit auf die Unsicherheit der Gegenwart.

3. Satz: Bücher erinnern an frühere Wertschätzung des Frühlings

Um die Kulturtechnik des Lesens, gewissermaßen als nächste, auf das Erinnern folgende Entwicklungsstufe, geht es im dritten Satz (V. 10–14). Die Feststellung „Noch lesen wir in Büchern / Von dieser gefeierten Jahreszeit" nimmt selbstreflexiv die literarische Tradition der Naturlyrik mit in den Text hinein, genauer jene den Frühling hymnisch feiernden Gedichte (wie etwa die des Sturm und Drang). Dabei deutet das einschränkende Temporaladverb „[n]och" (V. 10) darauf hin, dass auch das Rezipieren dieser Texte irgendwann enden wird, genau wie die Erinnerung daran. Die Lektüre erscheint wirkungslos, denn trotz dieser Praxis „sind schon lange / [n]icht mehr gesichtet worden über unseren Städten / [d]ie berühmten Schwärme der Vögel“ (V. 12–14). Im Gegensatz zum Inhalt dieser Passage (literarische Texte, die die Natur feiern) ist die hier verwendete Sprache betont nüchtern und distanziert, etwa durch die Verwendung des Demonstrativpronomens („dieser“, V. 11) oder des Passivs („gesichtet werden“, vgl. V. 13). Im Adjektiv „berühm[t]“ (V. 14) mag einerseits noch die „Feier“ des Frühlings anklingen, doch weist dieses Attribut andererseits jenen Vogelschwärmen den Rang einer touristischen Attraktion zu. Zudem scheint es, als würden die Vögel – als Verkörperung der lebendigen Natur – den Lebensraum der Städte meiden.

4. Satz: entfremdete Naturwahrnehmung der Städter

Nahm der Text bisher vorwiegend eine rückblickende Haltung ein, so bleiben die letzten Sätze (V. 15–22) nun gänzlich in der Gegenwart, was auch die Präsensform der Prädikate zeigt. Es wird gesagt, dass die einfache Bevölkerung, die tagtäglich mit der Eisenbahn durch „[d]ie Ebenen“ (V. 17) zur Arbeit fährt, dem Naturgeschehen des Frühlings tendenziell („Am ehesten noch“, V. 15) am wenigsten entfremdet ist. Ernüchternd ist jedoch das Prädikat: Der Frühling wird nicht gefeiert oder begrüßt, sondern er „[f]ällt“ – wenn überhaupt – „auf“ (V. 16). In der Literatur, den „Büchern“ (V. 10), gilt die Eisenbahn seit Langem als Symbol für technischen Fortschritt. Bezeichnend ist in diesem Zusammenhang auch das Partizip „sitzend“ (V. 15). Hatten sich die Menschen früherer Epochen die Natur wandernd (Romantik) oder im Grase liegend (Biedermeier), in jedem Fall aber unmittelbar erschlossen, so nehmen sie sie nun höchstens passiv und mittelbar, aus einem Zugwaggon, wahr.

5. Satz: nur noch über Technik vermittelte Naturerfahrung

In der letzten Sinneinheit (V. 19–22) richtet sich der Text (wie schon der zweite Satz, in dem von Himmel und Luft die Rede war) nach oben: „In großer Höhe [...] [*s*]*ch*einen *St*ürme zu gehen“ (V. 19 f.), die sich in der *sch*-Alliteration akustisch manifestieren. Die oben genannte, für den Frühling typische „Änderung der Luft“ (V. 8) hat an Intensität also stark zugenommen. Doch nicht einmal diese Intensität macht die Natur direkt und sinnlich wahrnehmbar: Die Frühlingsstürme „berühren nur mehr / [u]nsere Antennen“ (V. 21 f.). Damit schließt sich der Kreis zum Anfang des Gedichtes, denn die aus Metall bestehenden Antennen beinhalten das im ersten Sinnabschnitt benannte „Eisen“ (V. 2) und ragen als Produkt technischen Fortschritts in die Natur hinein. Denkbar ist darüber hinaus die Vorstellung von Antennen als roboterartige Verlängerungen oder gar als Ersatz für den (zu sinnlicher Wahrnehmung fähigen) menschlichen Körper. Versteht man die „Antennen“ als Rundfunkantennen (vgl. Anmerkung), dann gipfelt das Gedicht und der darin geschilderte Ausschnitt der technischen Entwicklung in dem (1928) hochmodernen Medium, das womöglich in Konkurrenz zu den „Büchern“ (V. 10) treten wird.

Teilaufgabe 2

Erörterung:

Bei der Interpretation erweist sich der 1928 erschienene Text als erstaunlich aktuell für die heutigen Rezipienten. Zu diskutieren sind hier drei Aspekte:

– Umweltzerstörung

Der erste Aspekt ist die Umweltproblematik in ihrer ökonomischen und ökologischen Dimension: Die im Gedicht anklingende Kritik an der (durch das kapitalistische System verursachten) Zerstörung und Ausbeutung der Natur ist nach wie vor gültig und spiegelt sich in den entsprechenden Debatten wie etwa derjenigen um den Klimawandel oder im erbitterten Kampf um (neue) Rohstoffe wider. Die Verstädterung und die damit einhergehende Entfremdung des Menschen von der Natur hat sich in ihrem Ausmaß vervielfacht, denkt man etwa an die weltweit entstehenden sogenannten Megastädte und die damit zusammenhängenden Herausforderungen und Probleme.

– Naturerlebnis

Der zweite Aspekt betrifft die Unmittelbarkeit des menschlichen Naturerlebens und deren Verlust. Im Gedicht Brechts wurde relativ sachlich und nüchtern festgestellt, dass eine unmittelbare Naturerfahrung aufgrund der gesellschaftlichen und technischen Entwicklung in der Gegenwart (1928) nicht mehr möglich ist. Dieser Mangel wird auch heute empfunden und bedauert. Darüber hinaus jedoch gilt heutzutage der Einklang mit der Natur als Allheilmittel für alle möglichen Befindlichkeiten und Probleme, die das Leben in der westlichen Überflussgesellschaft, das Eingebundensein in den modernen Arbeitsprozess und ganz allgemein die Herausforderungen einer digitalisierten und globalisierten Welt mit sich bringen. Das Spektrum reicht hier von alltagstauglichen Empfehlungen regelmäßiger Spaziergänge im Grünen bis hin zu spirituellen Versuchen, beim Umarmen von Bäumen Energie zu tanken. Zudem wird die Natursehnsucht der Menschen höchst lukrativ vermarktet. Denken ließe sich hier an die Tourismusbranche, die das absolute Naturerlebnis in den entlegensten Gegenden verspricht, oder, im Zusammenhang damit, an die Bekleidungsindustrie, die es mit der Herstellung von „Outdoor"-Kleidung ermöglicht, für die direkte Begegnung mit der wilden Natur gerüstet zu sein. Auch der Gesundheits- oder der sogenannte Wellness-Sektor binden auf vielfältige Weise die Natur in ihre Konzepte mit ein.

– Verhältnis Medien – Natur

Der dritte Aspekt betrachtet die Naturwahrnehmung, deren Verarbeitung und die mediale Dimension ganz allgemein. In dieser Hinsicht war im Gedicht eine Art Dreischritt zu erkennen: Als Erstes wurde die Erinnerung genannt, gewissermaßen als Speichermedium, in dem das Frühjahr als hellere, bessere Zeit abgelegt ist. In einem zweiten Schritt war die Rede davon, dass Bücher mit Texten gelesen werden, die die Natur feiern, womit das Gedicht selbstreferenziell auf die Literatur verwies. Das dritte Medium, das moderne Massenmedium des Rundfunks, wird durch die Erwähnung der hohen Antennen angedeutet. Die Akzentuierung, dass „noch" in den Büchern gelesen wird, während die Rundfunkantennen in den Himmel ragen, dass also gleichsam das Buch vom Rundfunk verdrängt wird, erinnert den heutigen Leser an die intensiv geführten Debatten etwa darüber, ob und wie lange sich das Buch noch gegen die Konkurrenz der digitalen Medien behaupten kann.

Fazit: Aktualität des Textes

Brechts Frühlingsgedicht thematisiert also nicht nur auf unsentimentale Weise die Entfremdung des Menschen von der Natur, sondern es vermag auch rund 90 Jahre nach seiner Entstehung im Leser Denkprozesse auszulösen, die ihn in seiner Lebenswelt des 21. Jahrhunderts angehen. Damit ist Brechts Postulat, sich im Naturgedicht stets auch mit der gesellschaftlichen Realität auseinanderzusetzen, erfüllt.